NHK for School「u&i」

発達障害の子どもが「困らない」学校生活へ

多様な特性のまま、日常の「ふつう」を見直そう

安井政樹　野口晃菜

JN240773

NHK出版

この本の使い方～「困っている」人へ

このたびは本書を手に取っていただき、ありがとうございます。この本は次のような人に特におすすめしたい一冊です。

- **学校での生活に困っている子どもがいる保護者**
- **子どもたちの多様性に合わせた学級運営のやり方に悩んでいる先生**
- **クラスの中に「困っている」友だちがいる子どもの保護者**
- **「ふつう」という言葉の使われ方になんだかしっくりこない人**

皆さんは身の回りの子どもたちの行動に、「困った」と思ったことはないでしょうか？　もしもそのような心当たりのある人は、次のように想像してみてください。**「本当に困っているのは、自分ではなくその子のほうじゃないか？」**と。

また、皆さんは「ふつう」というものさしにとらわれてはいないでしょうか？　ときには、発達障害の子どもなどマイノリティな立場の人たちにとっての身の回りの障壁（社会的障壁）の存在に気づかず、自分自身が無意識のうちにそれを生んでしまっていることもあるかもしれません。

さまざまな障害のある子や外国人の子など、マイノリティの子どもたちと一緒に多様性への理解を深める番組NHK for School「u&i」。本書はその監修を務める野口晃菜《のぐちあきな》さん（第1～4章）と安井政樹《やすいまさき》さん（第5～8章）が、番組のエッセンスを踏まえながら、これまでお二人が学校現場などで得てきた豊富な体験・実践例を紹介していきます。

野口さんは**社会にある障壁を取り除いて「ふつう」をアップデートするアプローチ**から、安井さんは**担任の経験を生かした現場目線のアプローチ**からそれぞれの得意分野を生かして、**「困っている」当事者もその周囲の人たちも「困らなくなる」ための方法や意識の持ち方を提案します**。

本書では専門的な用語などはできるだけ避け、各章の冒頭にマンガ形式で身近によくありそうなケーススタディを取り上げ、具体的な事例や方法をわかりやすくお伝えします。

発達障害の子もそうでない子も、困ることなく学校生活を過ごせるようになるために、身の回りの障壁をどうしたら取り除いていけるのか。「ふつう」を問い直してアップデートするために必要な「優しい目」は、どうすれば育つのか。一緒に考えながら、実践するヒントを身につけていきましょう。

目次

先生の「大丈夫」は、本当に大丈夫？

第8章 さまざまなバリアや無意識のバイアスに気づこう！ …… 166

「こうあってほしい」が苦しみにつながる
その子にとってのバリアを受け止め、学校と家庭が本人と一緒に目標を決める
その子にとっての本当のバリア
「言ってくれたらよかったのに」という優しさの残酷さ
言えない人が悪いわけではない
理解者を増やしていく
マジョリティとマイノリティ
アンコンシャス・バイアス
多様性を当たり前に受け止められるクラスをつくるために
「優しい目」を持つために
Column 駅のホームの風景からバリアを考える …… 188

第3部 座談会
伊野尾慧（Hey! Say! JUMP）×きゃりーぱみゅぱみゅ×安井政樹×野口晃菜
「"ふつう"ってなんだろう？」 …… 189

参考文献等一覧 …… 207

Information

NHK for School「u&i」番組HPではこれまでの放送動画の視聴や、学校の先生向けに放送内容を活用した授業プランやワークシートをダウンロードいただけます。こちらの二次元コードを読み取るかURLを入力してぜひご覧ください。
https://www.nhk.or.jp/school/tokushi/ui/

※二次元コードからNHK for School「u&i」のサイトにリンクするサービスは、NHK出版が独自に提供するものです。
※サイト内の動画を視聴する際は通信料が増えます。ご契約のデータ通信料を超えると、通信速度が遅くなることがあります。
※映像提供者の都合により、予告なく映像提供が終了する場合があります。あらかじめご了承ください。

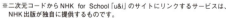

第1部 学校の「ふつう」をアップデートする

発達障害のある子どもにとって、いまの学校の「ふつう」がどのように障壁になっているのか、そしてどうアップデートしたらよいのか、一緒に考えてみましょう。実は「ふつう」はいろいろな人の障壁になっているのかも……？

4年2組
教科書40ページの問題をやります
できた人は前に来てください。先生が丸をつけます
わからない人は手を挙げてね
はーい
先生! できました!
もう できたの!?
先生の机の前で待っててね

先生！
わかりません
ぐちゃ
はーい
タマキさん
タマキさん、また片付けてない・・・
先生、
タロウくんが
立ち歩いてます
タロウくん
自分の席に
座ろう
ユウヤくんも
問題に取り
組んで！

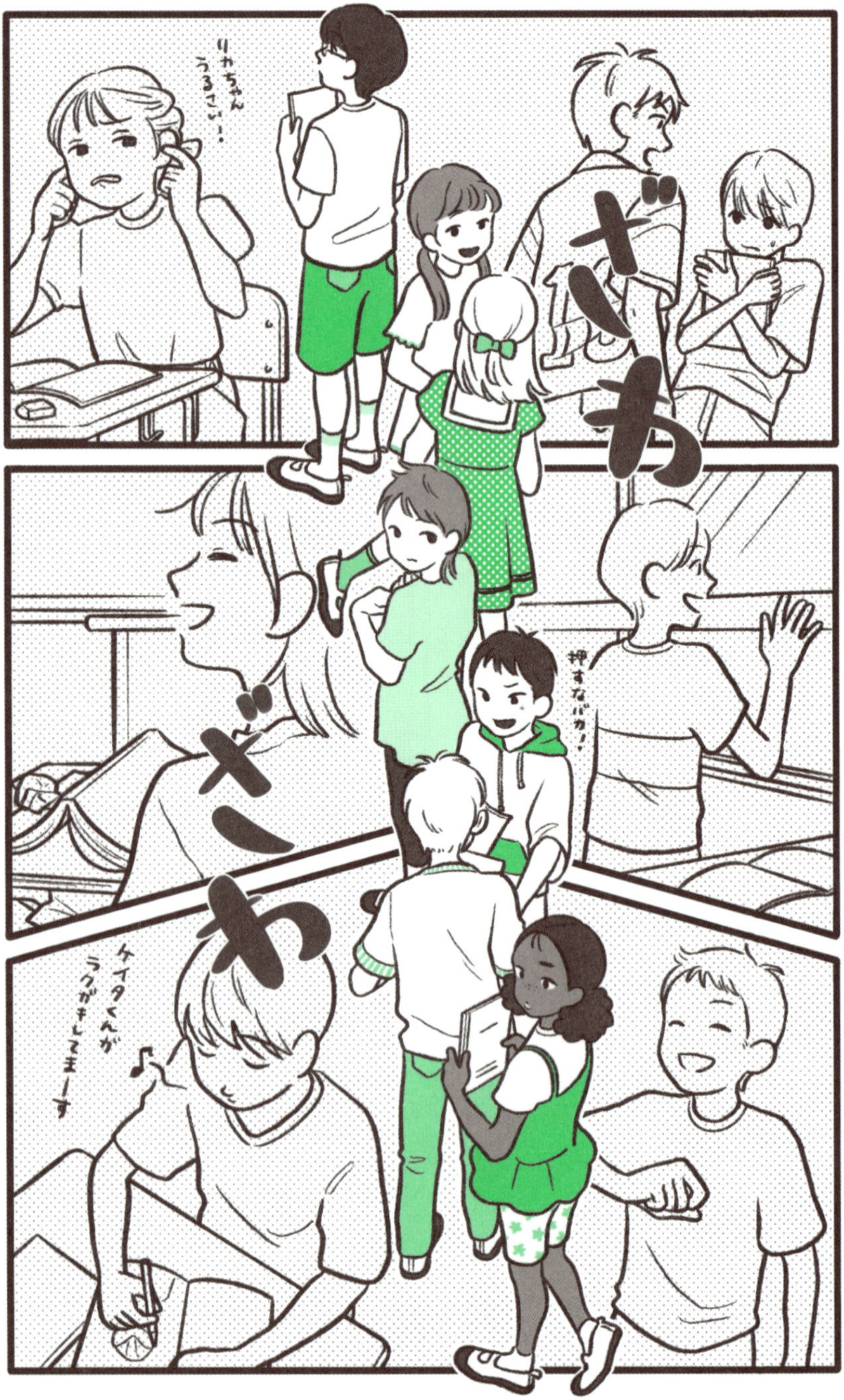
ざわ
りかちゃん
うるさい!
押すなバカ!
ざわ
ケイタくんが
ラクガキしてまーす

みんな静かに！
キャー
ワー
ちゃんと並んで！
「バカ」って言わない…
手を挙げてる人はちょっと待っててね
4年生にもなればふつうは静かに待ったり並んだりできるはず
うちのクラスにはそれができない子が多い
すぐおしゃべりするし
低学年の問題も解けない子がいるし
ハァ…
指示も伝わらないし…困った…
キャー
バーカ!!

第1章

学校で「ふつうじゃない」と言われる子どもたち

「ふつうじゃない」ってどういうこと？

皆さんはマンガを読んで、どのように思いましたか？　「うちの子はこの子と同じだなあ」「私もこういう子だったなあ」とか、「うちのクラスにもこういう子いるなあ」などと思った人もいるかもしれません。

このマンガで「ふつう」の子はどの子でしょうか？　手をずっと挙げて待っている子、静かに並んでいる子でしょうか？　逆に、「ふつうじゃない」のは、教科書やノートを広げずに「わかりません」と手を挙げた子、ぼーっとしている子、並んで待っているときにおしゃべりをしている子たちでしょうか？

私たちは日常のさまざまな場面で、いい意味でも悪い意味でも、「ふつう」という言葉を使っています。例えば、「ふつうにおいしい」「ふつうに嫌だ」と言ったり、「今日はどんな日だった？」と聞かれたら「ふつう」と答えたり、人について「ふつうじゃない」と表したり。**「ふつう」の意味は非常にあいまいで、文脈に依存しています。**

それでは、学校ではどのような子どもが「ふつう」で、どのような子どもが「ふつうじゃない」と言われるのでしょうか？

私は先生たちと一緒に、学校を多様な子どもにとって過ごしやすい場に変えていく活動をしています。学校を訪問して授業を見学すると、マンガのような光景をよく見かけます。授業の見学後に先生と話すと、「ちょっとあの子はふつうじゃなくて……」と相談を受けます。「その子はどんな子ですか？　どんなところがふつうではないのですか？」と聞くと、**「順番が待てない」「先生の指示が聞けない」「授業中座っていられない」「集中できない」「ルールが守れない」「勉強ができない」「すぐケンカする」「休み時間にいつも一人でいる」**など、「ふつうじゃない」と先生が感じる部分を話してくれます。

他にも、**「女の子なのに男の子の格好をして自分のことを『俺』と言っている子」「外国から引っ越してきたばかりで日本語を話すことができない子」「児童養護施設に入所している子」「家庭環境が複雑な子」**も、「ふつうじゃない」と説明される場合もあります。

マンガの先生は「4年生にもなればふつうは静かに待ったり、並んだりできるはず」と思っていますが、このときに先生が言っている「ふつう」は、「平均的には」「標準的には」「多くの4年生は」という意味が込められている印象です。つまり、「標準的・平均的な多くの同学年の子どもと同じ行動ができないこと」が「ふつうじゃない」ととらえられています。また、「学校で求められている規範に沿った行動ができない・しない子」という意味もありそうです。いずれにしても、先生は「ふつうじゃない」を肯定的な意味では使っていません。

　このように、**学校では「他の大多数の子と同じ行動ができない・しない」「学校の規範に沿った行動ができない・しない」こと、そしてそのような状態がたくさん見られる子どもが「ふつうじゃない」と言われることが多い**です。

「見えない障害」である「発達障害」

「発達障害」は、独特な対人コミュニケーションや、こだわりなどの特性がある「自閉スペクトラム症（ASD）」、常に動いていたり、注意がさまざまなところに向く特性のある「注意欠陥多動症（ADHD）」、読み・書き・計算など特定の分野に困難さのある「限局性学習症（LD）」が含まれる、かなり広い概念です（知的障害や発達障害性協調運動障害を含むこともあります）。同じ診断名であっても、一人一人の特性は異なり、一人の子どもが複数の障害を併せ持っていることもあります。**共通する点は、見た目ではその子に障害があるのがわからないこと**です。

本やテレビ番組などで発達障害の特徴を見て、「自分も忘れ物が多い」「自分もこだわりがある」など、誰もが当てはまると思う人もいるかもしれません。誰でも持っていそうな特性ではありますが、その程度がとても強かったり、いくつかを併せ持っていたりして生活に支障をきたしている場合に診断されます。

発達障害は「目に見えない障害」であるため、発達障害のある子は、他の大多数の子どもたちと変わらない「ふつう」の子であると思われやすいです。一方、周りの子と異なる行動をしたり、周りの大多数の子ができることができなかったり、規範に沿った行動ができない・しないことがあります。その結果、保護者も先生も周りの子も「ふつう」と思って接していたら想定外の言動をしたり、できると思ったことができなかったりなど、そのギャップに驚くことがあります。

本人も努力をしても、忘れ物が減らない、集中ができないなどの困難さが改善されず、自信をなくしたり、努力が足りないのではと自分を責めたりすることも少なくありません。

発達障害のある子に「ふつう」を求める弊害

学校は発達障害のある子どもに「ふつう」であること、つまり「周りの大多数の子どもと同じ行動をすること」や「規範に沿った行動をすること」を求めることが多いです。

しかし、発達障害のある子に対して、他の子と同じであることを求めることは、その子にとって弊害になるといわれています。例えば、自閉スペクトラム症の人が自分の自閉スペクトラム症の特性を隠し、自閉スペクトラム症ではない人と同じような行動をすることを「社会的カモフラージュ」といいます。社会的カモフラージュをすることにより、周りの人からは特に困っていないように見えますが、心理的には抑うつの状態になるということが報告されています。**自閉スペクトラム症の人が「ふつう」であろうとすると、心の状態は悪くなってしまうことがあるのです。**

心の状態をよく保つために、社会的カモフラージュを減らすには、**周りの人が本人に自閉スペクトラム症ではない人と同じ「ふつう」を求めないようにすることが重要**です（※1）。「この子はふつうじゃない、なぜふつうにできないんだろう」と思うことがあったら、**「この子にとっての『ふつう』はなんだろう」**と視点を変えてみましょう。

「ふつう」は国や時代によって違う

そもそも、**「ふつう」の基準はどのようにして決まるのでしょうか**。また、どうして学校や周りの大人は子どもに「ふつう」であることを求めるのでしょうか。

私は小学校6年生まで日本に住み、その後高校を卒業するまでの7年間はアメリカに住んでいました。そこで気づいたことは、**日本の学校における「ふつう」とアメリカにおける「ふつう」は全然違う**ということです。

例えば授業中、日本の私が通っていた学校では先生の話を静かに聞き、質問があっても先生の話をさえぎらないことが「ふつう」でしたが、アメリカの私が通っていた学校では、わからなかったらそのときに手を挙げて質問をしたり発言をしたりするのが「ふつう」でした。日本では授業中静かに席に座って課題に取り組んでいたら先生から褒められましたが、アメリカでは「今日も発言がなかったね」と注意されました。

日本に住み、黄色人種であり、日本語が第一言語である私は日本では「ふつう」でしたが、アメリカの私の住んでいた地域では「ふつう」ではありませんでした。そこでの「ふつう」は白人であり、英語が第一言語であることでした。しばらくは日本人であることに劣等感を抱き、「ふつうのアメリカ人になりたい」と思っていました。

このように、**「ふつう」は国や学校、自分が属している集団、さらには時代によって異なる**部分があります。私自身は何も変わっていないのに、住む環境が変わった途端、ふつうじゃなくなりました。同じように、30年前は携帯電話を所持することは「ふつう」ではありませんでしたが、いまはスマホを持っていることが「ふつう」です。学校においては、コロナ禍を経て一人一台タブレットやPCがあることが「ふつう」になりました。**何をもって「ふつう」とするかは、普遍的ではなく、流動的**なのです。

国や時代によって「ふつう」はさまざま。学校の「ふつう」も流動的

社会も学校もマジョリティを中心につくられている

では、その時代や国、属する集団における「ふつう」は誰がどのように決めているので

しょうか。**「ふつう」は社会的マジョリティによって決められます。**社会的マジョリティとは、ただ数が多い社会的集団ということではなく、**社会の中でより権力があり、より主流である社会的集団**を指します。例えば、いまの日本の社会は男性、異性愛者、シスジェンダー（生まれたときに割り当てられた性別といまの性別アイデンティティが一致している）、大学を卒業した人、などの社会的マジョリティを中心につくられています。

障害の有無についても同じです。さまざまな建築物や法律などは、障害のない人を中心につくられています。政治家や官僚、学校の先生、企業の役員などでは、障害のある人の割合が非常に低く、障害のない人を中心とした社会が維持され続けています。

例えば、読み書きに困難のある学習障害や視覚障害のある人が社会にはいます。けれど、いまだに役所の書類などは手書きが多く、署名なども手書きですることが「ふつう」です。文字を書けることが前提で、書くことが難しい人がいることが考慮されたつくりになっていません。

学校においても、文字を読んだり書いたりすることが前提の活動が多いのではないでしょうか。連絡帳やノートも手書きがまだまだ「ふつう」です。このように、学習障害や視覚障害のないマジョリティを中心に、社会も学校もつくられています。

社会にはさまざまな社会的マイノリティがいます。ここでのポイントは、**多くの人はあ**

る側面においてはマイノリティであり、ある側面においてはマジョリティということです。

例えば、私は性別は「女性」で社会的マイノリティですが、障害はないという点ではマジョリティです。その他にも、ルーツや文化、経済状況、性的指向、雇用形態、家族との関係性など、**自分がマジョリティの部分では特に障壁はなく、そこに障壁があることにすら気づかないけれど、マイノリティの部分では日々障壁にぶつかります**。

この視点を持つと、かなり多くの人がどこかしらにおいてはマイノリティであり、その部分においては障壁にぶつかっているのではないでしょうか。

障害の「個人モデル」と「社会モデル」

障害のある人には何かしらの困難がある、というのは多くの人が知っていることです。なぜ障害のある人は障害のない人と比較したときに、困難が生じやすいのでしょうか？障害があるためできないことがあるからでしょうか？

障害のとらえ方については、従来は「個人モデル」と呼ばれる考え方が主流でしたが、**いまは「社会モデル」と呼ばれる考え方が広がっています**。「個人モデル」とは、障害にかかわるさまざまな困難さの要因を、本人の機能的な障害にあるととらえる考え方です。「個人モデル」では、困難さを減らすために本人の機能的な障害を治療したり訓練したりします。例えば、読み書きに障害のある子どもなら、読むことが難しいという障害について、本人が他の子と同じように読めるように訓練することで、困難を減らそうとします。

一方で「社会モデル」では、社会がさまざまな障害のある人がいることを想定せずに、障害のない人を中心としたつくりになっている、そのために障害のある人たちにとって障壁が生じている、と考えます。「社会モデル」では、マジョリティを中心としたつくりが要因となっている「社会的障壁」を除去することで、困難を軽減します。

例えば、マンガにおいて机の上が散らかっていて、先生が問題をやりましょうと指示をした直後に「わかりません」と手を挙げたタマキさん。タマキさんには、ADHDの特性とされる「不注意」の特性がある可能性があります。

このときのタマキさんの困難の要因はどこにあると考えますか？　「個人モデル」でとらえると、困難の要因はタマキさんの不注意の特性そのものにあると考えます。そのため、アプロ

うまく片付けができない子にも環境に障壁がある

ーチとしてタマキさんが先生の指示どおりに教科書とノートを取り出し、問題に取り組めるように練習をします。一方で、「社会モデル」でとらえると、困難の要因はタマキさんのように不注意の特性がある子どもがいることを前提とした環境がつくられていないところにある、と考えます。「環境」にはさまざまなものが含まれます。教室の物理的な環境、先生の指示のしかた、授業の構成、学校のルール、学校文化……などです。

先生が子どもたちの注意を引いたうえで指示を出していないことや、口頭のみで指示を出していることが、タマキさんにとっては学ぶうえで障壁になっているかもしれません。その場合は、例えば先生はまず注意を引き、さらに忘れないように黒板にも指示を書いておくようなアプローチをします。しかし、**いまの学校では、タマキさんのように不注意の特徴がある子どもがいたら、先生のアプローチ方法を変えずにタマキさんが先生の指示どおりに行動することが求められる、いわゆる個人モデルのアプローチが多い**です。

このような日常生活の中での障壁の積み重ねは、その子の学ぶ意欲や、その子の学校での過ごしづらさに影響します。

障壁を取り除く「基礎的環境整備」と「合理的配慮」

障害のない子どもを中心としてつくられた学校には、障害のある子が学ぶうえでの障壁がたくさんあります。その障壁を取り除くことを、「合理的配慮」と言います。合理的配慮は、日本が2016年に施行した「障害を理由とする差別の解消の推進に関する法律」という法律において義務付けられています。つまり、**学校には障害のある子どもにとっての障壁を明らかにし、それを取り除くための合理的配慮を実施する義務**があります。発達障害のある子どもにとっての障壁をそのままにしてはならないのです。

そのような話を先生方にすると、「40人学級で合理的配慮が必要な子どもがたくさんいたら手が足りない」「みんなに個別支援をするわけにいかない」という反応が返ってきます。ポイントは、はじめから個別に合理的配慮の調整をするのではなく、そもそもの学級づくり、授業づくり自体を多様な子どもがいることを前提としたものに変えることです。

このように、**はじめから多様な子どもがいることを前提に環境を整備することを「基礎的環境整備」**と呼びます。基礎的環境整備には、国レベルでできること、自治体レベルでできること、学校レベルでできること、そして学級レベルでできることがあります。

例えば、先生の数を増やす、1学級あたりの子どもの数を減らす、ICT機器を整備する、建物をバリアフリーにする、学習指導要領の中身を変える、先生の養成過程を変えるなど、予算にかかわることや大きな方針や枠組みを変えることは、国や自治体レベルが実施すべき環境整備です。そのような次元で変えていくべきことまで、現場の先生たちが抱え込む必要はありません。文部科学省や各自治体の教育委員会とともに変えていきましょう。詳細については第4章でお伝えします。

一方で、学校レベルでできる環境整備もあります。例えばある学校では、「できないこと」ばかりに着目する学校文化自体が多様な子どもにとっての障壁になっていると考え、子どもたちも先生たちもお互いのポジティブな側面に着目するような学校文化をつくることにチャレンジしています。

その他にも、評価を「通知表」という形で子どもや保護者に伝えることが障壁になっていると考え、通知表をなくした学校もあります。また、授業のあり方が「誰もが同じペースで同じ方法で学ぶ」ことを前提にしていることは、多様な子どもたちにとって障壁になっているため、一人一人が自分のペースで学ぶ「自由進度学習」という授業スタイルを取り入れている学校もあります。

このように、**マジョリティを中心とした学校であるがゆえに生じている障壁をなくすた**

第1章 学校で「ふつうじゃない」と言われる子どもたち

学校における「ふつう」をアップデートしよう

めには、基礎的な環境を整備し、そのうえで個別に合理的配慮を調整することが重要です。合理的配慮については第3章で詳しくお伝えします。

「周りの子と同じ行動をすること」や「規範に沿った行動をすること」が「ふつう」とされる背景には、「マジョリティを中心とした学校」があり、「マジョリティにとってのふつう」が「学校にとってのふつう」になっている、ということをお伝えしてきました。

いまの学校の「ふつう」は発達障害のある子どもにとって障壁になっていますが、他の子にとってはそうでしょうか。

例えば前述した「できないところばかりに着目する学校文化」や「全員が同じペースで学ぶことを前提とした授業」は、障害のない子どもにとっても障壁になっているのではないで

学校におけるその「ふつう」のやり方や考え方はみんなにとっての障壁になっているかも？

しょうか。

冒頭のマンガのシーンを見ても、この授業のスタイルでは多くの子どもたちにとって、学ぶうえで障壁が生じています。わからないときに手を挙げて先生が来るまで待つこと、先生に丸つけをしてもらうために並んで待つことなど、待つ時間がとにかく長いです。わからないことがあったら周りの人に聞いたり、子どもたち同士で相談し合ったり、また丸つけはお互いにする、というやり方だって考えられます。

このような授業スタイルに至っている背景には、「ふつうは先生が教える」「ふつうは先生が丸つけ（評価）をする」という、私たちの中にしみついてしまっている「ふつう」があります。ですから、**私たちにしみついてしまっている「ふつう」を、まずは見直す必要があるの**ではないでしょうか。

その他にも、誰が決めたのかわからない、私たちにしみついている「ふつう」は学校にたくさんあります。「ふつう」の授業だけでなく、「ふつう」の運動会、「ふつう」の全校朝会、「ふつう」の職員室など……**社会モデルの視点で、発達障害のある子やその他のマイノリティ性のある子に対する「ふつう」の障壁を明らかにすることは、誰もが過ごしやすい学校をつくるために、「ふつう」をアップデートしていくことにつながる**のではないでしょうか。

学校で過ごしづらい子どもを持つ保護者の皆さんの中には、「自分の育て方が悪いのではないか」「子どもの努力不足なのではないか」と思っている方もいるかもしれません。しかし、この章でお伝えしてきたように、学校がマジョリティの子どものみを中心として、多様な子どもがいることを前提としていないからこそ障壁が生じているのです。そして、先生たちの中にはそのような障壁があることに気づきながらも、どのように取り除いたらいいのか、どこから何を変えたらいいのか、他の先生にどう伝えたらいいのか……など葛藤されている先生もいるでしょう。

本書では、学校における障壁をどうしたら解消していけるのか、それぞれの立場からできることをお伝えしていきます。

2年生
算数の時間
ひっさん
この問題はまず
1の位から計算します「5＋7」は？
35
＋7
ハイ!
12です!
うろ
うろ…
ヤマダさんまた立ち歩いて…なんで授業中座っててくれないんだろう
ヤマダさん、座って取り組んで下さいね!

ガタッ
バタ
バタ
じゃ、じゃあ練習問題をノートにやりましょう
うーん…
いつも書く時間になると固まっちゃうんだよな…
サトウさんまた取り組んでない

サトウさん
わからない
ことが
あったら
言ってね
はい…
今日も
何も書けない
ままかな…
キ
ー
ン
コ
ー
ン
…
みんな！
ドッジボールしよ！
大会の練習を
しなきゃ！
行こ行こ～！
いいね！

すばらしい！
みんなで
団結したら
きっと
勝てるよ！
ポツン…
シライさんはみんなと
練習しないの？
みんな行ったよ？
…
夢中
いつも一人で
本読んでて
無反応だけど
このままだと
仲間外れになっちゃう…
一緒に行って
みないか？
シライさんっ
おーい…

45分間、席に座っていないとダメ？

マンガでは、算数の授業中に立ち歩くヤマダさんに、先生は「なんで授業中座っていてくれないんだろう」と悩んでいます。同じ状況の先生はたくさんいるのではないでしょうか。保護者の中にも、子どもの立ち歩きで困っている人もいるかもしれません。

多くの先生から子どもの「立ち歩き」に困っている、と相談をもらいます。「一人が立ち歩くと他の子も立ち歩く」「授業にならない」という声です。これらの**先生の困りごとを、子どもたちの「学ぶうえでの障壁」という視点から考えてみましょう**。

ヤマダさんは立ち歩くものの、先生の声かけに応じ、指示どおりに計算をしようとはしています。授業に全く参加していないわけではなさそうです。では、この場面における「学ぶうえでの障壁」はなんだと思いますか？　ヤマダさんは算数の学習自体は嫌いではなさそうですし、授業がわからないわけでもなさそうです。ただ、じっと座って授業を受けることはヤマダさんには難しく、先生に「座って」と言われて座ったものの、足をばたばた動かしています。**ヤマダさんにとっては、体を動かしているほうが学びやすいようです。**

ある研究によると、**ADHDの子どもがそわそわしたり動き回ったりするのは、頭の中で複雑な操作を実行するために必要な情報を一時的に保存したり、管理したりするための脳の機能（ワーキングメモリ）を使うとき**である、ということが報告されています[※1]。

つまり、「ワーキングメモリ」を使うときはじっと座っていることができるけれど、ワーキングメモリを使う必要があるときはそれが難しいのです。

マジョリティ中心の考え方だと、「イスにじっと落ち着いて座っている＝集中している」「落ち着いて座っていない＝集中していない」と判断します。そのため、マンガでは「ヤマダさんは集中していない」と先生が判断していますが、この研究結果で報告されているように、立ち歩いたり、足をばたばたしていたりするヤマダさんは、彼なりの方法で集中しているのかもしれません。

ヤマダさんのような子どもの場合、年齢や関係性を踏まえたうえで、本人に「動いていたほうが集中できるの？」と聞いてみるのも一つの方法です。本人にもわからない場合、動いているときと座っているときのどちらが集中できていそうか、様子をよく観察してみましょう。また、家で宿題に取り組むときはどのようにいつも取り組んでいるか、集中しているときはどんな姿勢かを保護者にも聞いてみましょう。**自分にとっての「ふつう」のものさしで決めつけないことが大切**です。

その他にも、「ストレスボール」という手で握ることができるボールを握っていると不安や緊張が和らぐ、集中が高まる、という子もいます。マジョリティ中心で考えると、これもまた「手遊びをしているときには集中していない」と判断しますが、逆に手遊びをしていたほうが集中できる子もいるのです。

これらを踏まえると、**「45分間じっと座っている＝集中している」という、私たちの頭の中に埋め込まれた認識そのものが、ヤマダさんにとっての「学ぶうえでの障壁」になっているのかもしれません**。「じっと座って集中しなさい」という言葉そのものが障壁になっているということです。ヤマダさんのような子どもたちからしたら、動くことで集中しているのに、逆に集中できない姿勢でいなければならないこと、それができないと怒られることは大きな負担になります。

一方、ヤマダさん以外の子どもたちにとってはどうでしょうか？　ＡＤＨＤの特性がなければ、45分間教室のイスに座っているほうが集中していると言いきれるのでしょうか？

皆さんは受験勉強のときなど、どのような環境で勉強するのがいちばん集中しやすかったでしょうか？　自宅、カフェ、図書館などの場所もそうですし、机に向かう、床に寝そべる、ソファーにゆったり座る、音楽を聴きながら、休憩の頻度は高いほうがいい……など、人によってさまざまな集中するためのスタイルがあります。**実は「45分間座って集中する」というのは、マジョリティを中心にしたスタイルというよりは、誰が決めたかわからない学校の中だけの規範でしかない**のかもしれません。私がいまこの原稿を書いているワーキングスペースは、よくある机とイスの他に、立ちながら作業ができるスタンディングデスク、ソファー、ビーズクッション、ハンモック、床に座って作業できるスペース、個室、静かなスペース、音を出してもいいスペース……など、本当に多様なスタイルで仕事ができる環境になっています。

長野県の伊那《いな》市立伊那小学校においては、60年間、時間割りもチャイムも通知表もありません。校長先生は、「1コマ単位、教科単位で学びを区切ってしまうと、興味を持って没頭している子どもたちの活

集中しやすい方法は人それぞれ。その子の行動を観察して考えを聞いてみましょう

動を阻害したり、回り道したからこそ実感できる大事なことに至れなくなったりするおそれがある」と説明しています（※2）。伊那小学校の実践は、**学校に子どもを合わせるのではなく、子どもに学校が合わせている**ことがわかります。

このように、ヤマダさんにとっての学ぶうえでの障壁を考えると、そもそもいまの学校の「ふつう」になっている「1コマ45分、机に向かっている＝集中している」は、果たして「ふつう」にしてよいのか？　と考えるきっかけになります。**無自覚のうちに子どもに「ふつう」を押し付けていることが、多様な子どもたちにとって学ぶうえでの障壁になってしまっている現実を、私たちはまず自覚しなければなりません。**

教科書とノートで学ぶのがいいの？

次は、マンガで取り上げたサトウさんの障壁を考えてみます。サトウさんはノートを目の前にして固まってしまっています。他の子どもたちが計算をノートに書くことで学んでいる中、サトウさんは何も書いていません。ここにも学びの障壁があります。

サトウさんは「書く時間」に固まってしまうことから、「書くこと」に困難があると考えられます。「読む」または「書く」に困難のある子どもは、小中学校の通常の学級において3・5%いることが文部科学省の調べでわかっています（※3）。**書くことに困難がある場合、サトウさんがなぜ書くことが難しいのかの実態把握をしたうえで、サトウさんにとって必要な支援や合理的配慮の検討が求められます。**

学校における「ふつう」の授業は、教科書を読み、ノートに書くことが前提になっています。しかし、学校には読むことも書くことも難しい子どもがいるのです。そのような子どもたちにとって、その前提の授業は学ぶうえでの障壁になります。他の子どもたちが計算を書いて学んでいる間、サトウさんは学ぶことができません。みんなが学んでいる間、自分だけ学ぶことができないのはとてもつらいことです。他にも、手に麻痺《まひ》がある子や視覚障害がある子など、書くことが難しい子どもはたくさんいます。

では、書くことが難しい子どもに対して、どのような手だてがあるのでしょうか。授業によっては書かなければ学べない授業もあるかもしれません。一方で、**音声入力や、代筆、文字のタイピングなどが、**

「書けない」「読めない」子どもの障壁に気づくと学びの機会につながる

「書く」ことの代替になる授業もあります。

書字障害があってみんなと同じスピードで書くことができない子どものいるとある学校では、代わりにタブレットを使用している例があります。授業中ノートに書くのではなく、タブレットにタイピングをしています。計算をする際は、タブレット上でGood notesというアプリを使い、入力した数字と図形を組み合わせてひっ算をしています。このように、**自分に合ったツールを活用することで、学ぶうえでの障壁を減らすことができます。**

マンガで取り上げた授業は、ノートに「書く」こと自体が学習の目的ではなく、正しく計算をすることが授業の目的です。そのため、サトウさんの場合、計算は「書く」のではなく、タブレット上で数字を入力してひっ算をすることもできます。まずはサトウさんの**学ぶうえでの障壁を本人へのヒアリングを踏まえて明らかにし、自分に合った学び方やツールを一緒に探しましょう。**

その他の授業においても、例えば作文の授業で、作文用紙に鉛筆を使って書くことが目的ではなく、自分の考えを表現したり、正しく文章を組み立てたりすることが目的の場合、鉛筆で書く代わりに、タブレットやパソコンでタイピングをすることができます。

では、サトウさん以外の子どもたちはどうでしょうか？　書くときはみんな鉛筆とノートがよいのでしょうか？　私には書字障害はありませんが、現在この本の原稿はノートパソコンで書いています。私にとってはパソコンで書いたほうが圧倒的に書きやすいからです。他の子どもたちにとっても、鉛筆とノート以外のツールを活用したほうが自分を表現しやすい場合もあるでしょう。もちろん、授業の目的によっては「書くこと」が必須になる授業もあります。けれども、そうでない授業については、**誰もが自分に合った方法で伝えたいことを表現できるほうが、すべての子どもにとって学びやすい**と思います。

例えば見学したある学校では、「自分ってどんな人？」と自分について相手に伝える授業をしていましたが、その際に、「文章で書いてもいいし、絵でもいい」と、全員が自分に合った表現方法で伝えることが前提でした。「自分のことを書いて説明する」ことが授業の目的なら文章を書く必要がありますが、「自分のことを相手に伝える」ことが目的なら、伝え方は口頭でも絵でもいいはずです。

コロナ禍を経て、現在は一人一台タブレットやパソコンが配布されています。従来の「ノートと鉛筆を使う」という私たちの前提が、多くの子どもの学ぶうえでの障壁になっていることは明らかです。授業の準備をする際に、授業の目的に立ち返り、「この授業は本当にノートと鉛筆がよいのかな？」と確認してみることをおすすめします。

休み時間、一人で過ごしてちゃダメ？

次はマンガのシライさんについて考えてみましょう。休み時間に「みんなでドッジボールしよう！」と女の子がクラスメイトに声をかけ、みんなで大会のための練習をしに行きます。先生はそれを「すばらしい！」と賞賛している一方で、シライさんは一人で教室に残り、読書をしています。シライさんはいつも教室で一人読書をしているようです。先生はその姿を見て、「仲間外れ」を懸念しています。

なぜシライさんは、一人で読書をしているのでしょうか？ そしてその状態は、先生が懸念するような解決すべき問題なのでしょうか？

まず、この状況は解決すべき問題かどうかを判断するためには、本人はどんなことを考えているのか、どうしたいのか、どんな事情があるのか、などさまざまな可能性を考えることがポイントです。例えば、誰かとトラブルがあり、それが解決していないために遊びたいけど遊べない、などの可能性も考えられます。

一方で、シライさんが望んで一人で読書をしているとしたら、みんながドッジボールをしているときに読書を選択することは果たして「問題」なのでしょうか？

休み時間は本来、自分に合った過ごし方で休憩をする時間です。大人が仕事を終えたあとや週末の過ごし方が多様なように、一人で過ごすことが好きな子も、他の子と過ごすことが好きな子もいますし、体を動かすことが好きな人も、ゆっくり教室で過ごしたい子もいます。他の子がドッジボールをしているからといって、無理して合わせる必要はありません。もし、先生が懸念するように、休み時間に一人でいることを理由に仲間外れになるなら、仲間外れをする子たちに、間違っていると伝えるべきでしょう。

発達障害のある子どもの中には、シライさんのように一人で過ごすほうが好きな子どももいます。もちろん障害の有無にかかわらず、一人で過ごすことが好きな子どももいます。**休み時間は自分の過ごしたいように過ごすことが大切**です。

もしかしたら、ドッジボールをしに行った子の中には、本当は別のことをして過ごしたい子もいるかもしれません。大人の「休み時間は友だちと一緒に遊ぶもの＝当たり前」という固定観念は、一人で過ごすことが好きな子どもにとっては、学校で快適に過ごすうえでの障壁となります。

自分が好きなように過ごすのが休み時間。固定観念による押し付けにならないよう注意しましょう

「一人で遊ぶ＝ダメなこと」と周囲の大人たちが決めつけるのではなく、クラス全体で、一人一人休み時間をどう過ごしたいかは異なること、休み時間は自分の過ごしたいように過ごしてよいことを共有しておくことをおすすめします。

先生はシライさんに友だちがいないことも懸念していますが、これも、まずはシライさんが困っているかどうかの確認が必要です。本人が友だちがほしいけれどいないことを悩んでいる場合は、一緒に解決方法を考える必要があります。逆に本人が学校で友だちをつくることを望んでいないかもしれませんし、特にそのことで困っていないかもしれません。**ここでも決めつけや先入観で、価値観を押し付けないようにしましょう。学校という場は、たまたま同じ地域で同じ学年の子どもたちが集まっているにすぎない場**です。その狭いコミュニティの中で気の合う友だちを探すのは容易ではありません。友だちを求めていても、いまの学校に気の合う人がいなければ、学校がすべてではないので習いごとなど別の場で探してもよいのです。友だちがいなくて困っていないのならいま探す必要もありません。もっと年齢が上がってから、気の合う友だちができることもたくさんあります。

通知表って必要？

神奈川県の茅ケ崎《ちがさき》市立香川《かがわ》小学校では、2020年に通知表をなくしたそうです。この学校の三堀先生は「通知表は、子どもをランク付けしてしまう、有害なものである」と話しています（※4）。確かに、通知表は学校が決めた規範のものさしに基づいて、子どもたちを「できる」「できない」で序列化してしまいます。**このような他者との比較や序列化は、学校で楽しく学び、過ごすうえでの障壁になっている可能性**があります。

あるADHDの診断を持つ子は、ゲームづくりがとても得意で、プログラミング教室では他の子からいつもたくさん質問をされています。とても優しい子で、誰かが困っているといち早く気づきます。一方で、学校の教科を学ぶことは難しく、また、授業中に先生の話を聞き続けることに困難があります。その結果、この子の通知表の評価はとても低く、通知表をもらうたびに学校に行きたくなくなってしまいました。

このように、**たまたま学校で大切にされている規範や教科のものさしのみで評価がされることにより、そのものさしでの「できること」にいちばん価値がある、と見えてしまうのはよいこととは言えません**。本当は多様なものさしがあり、一人一人多様な得意・不得意があるはずなのに、通知表があるがゆえに、画一的なものさしのみで子どもは評価され、その保護者も判断してしまいます。

そもそも、「能力」とは環境との相互作用で表れます。ヤマダさんやサトウさんの事例のように、その子に合った工夫や環境があれば「できる」こともたくさんあります。「通知表」や「評価」の当たり前を見直してみましょう。見直したうえで子どもにとって本当に通知表が必要だという理由があれば、続けるのも一つです。でも、もし通知表が子どもたちにとって障壁になっているのであれば、そのあり方も見直してみましょう。例えば、数値で評価をするのではなく、定性的な評価（数値では評価せずに文章で評価を伝える）をすることも一つの方法でしょう。

また、通知表のみでなく、学級づくりも見直してみましょう。学級づくりの中で他者と比較する発言を教師がやめるだけでも、変化は生まれます。その他にも、**先生にも子どもにもそれぞれ得意・不得意があること、誰にでもできないことがあること、自分に合った工夫を見つけることの大切さなどについて、子どもたちと話すのもよい**でしょう。

「一致団結」って本当に大切？

マンガでは、先生が「みんなで団結すること」を賞賛するようなセリフがありました。特に行事などで、学校では一致団結がよく求められます。しかし、運動会であっても、音楽祭であっても、その行事自体が苦手な子どももたくさんいます。

例えば、ある自閉スペクトラム症の小学生は聴覚過敏があり、また、予定の変更に対する不安感も強く、学校の行事が大きな障壁になっていました。先生たちは、他の子と同じように行事や練習に参加することを求めていたのですが、その結果、行事の時期になると学校に行くことができなくなってしまいました。

このような子どもたちには、**行事に参加するだけで精いっぱいです。にもかかわらず、さらにクラスみんなで協力してよい成績を出すことまで求められます。**一人一人が望む目的に向けて団結するのであれば問題はありませんが、自分が望んで

行事そのものが大きな障壁になっていることも

いない目的のために、団結するのはかなり難しいでしょう。**学校に必要な「一致団結」は、運動会で勝つための一致団結や、音楽会で1位をとるための一致団結ではなく、みんなが心から楽しめるような運動会や音楽会をつくるための一致団結であるはず**です。

休まないほうがいい？

最近は「皆勤賞」という賞がなくなった学校も増えてきました。それでもまだまだ**「学校を休まないことはよいことである」という「当たり前」は私たちにしみついています。**それは大人社会における「仕事を休まないことはよいことである」も同様です。

発達障害のある子どもは、疲れやすい子がとても多いです。その背景として例えば感覚過敏という特性があり、たくさんの刺激がある学校に少し行くだけですぐに疲れてしまう子もいます。そもそも自分に全く合っていない環境に5、6時間いることはとても負担です。子どもの体質はさまざまで、あまり気をつけていなくても全然風邪を引かない子どももいれば、すぐに体調を崩す子どももいます。同じように、**心身ともに疲れやすい体質の子ども、不安になりやすい子どもなど、精神面の個性もさまざま**です。

このように多様な子どもたちに対して、一律に「休まないほうがよい」という規範を植えつけてしまうことは、ある子どもたちにとっては無理を強いたり、休むことに罪悪感を持たせることにつながったりします。そもそも物事の感じ方や体質は多様であり、心身がつらいときは休息することを子どもの頃からの「ふつう」にするほうが健全で、重要だと考えます。

他にも、私たちにしみついている学校の「ふつう」はたくさんあります。「ふつう」に合わせることが難しい子どもがいたら、どうにかして既存の「ふつう」に合わせるような働きかけをするのではなく、既存の当たり前を疑ってみることから始めてみましょう。自分たちの「ふつう」を疑い、変えるべきところを変えていくことが、発達障害のある子どもを含めすべての子どもたちの障壁を取り除くことにつながります。

子どもに「こうなってほしい！」と思ったときには一度立ち止まり、これまで当たり前と思っていた規範をただ押し付けているだけではないか？　変わるべきはこれまでの「ふつう」ではないか？　と自分に問いかけてみましょう。

Case1
コンコン
ヒカル
朝だよ
学校
遅れるよ
モゾ…
なんか
おなか痛い…
じゃあ、
今日はお休みにする？
そうする〜
モゾ
モゾ

コトッ
ガチャ
昼食できたよ
食べられる？
あー
おなかすいたぁ
いただきまーす

ごちそうさまー！
ドサッ
元気そうだけどずる休みなのかな…もしも続いたら困るなぁ
翌日
コンコン
ヒカル朝だよ起きて
おなか痛いから休みたい〜
ハァ…
昨日と同じだ…無理やり行かせるべきなのかなぁ

Case2
病院で受診した結果
ユウは読み書きに障害があるのがわかりました
学習補助でタブレットの読み上げアプリを使ってテストでは文字を大きくしてルビをつけてもらえないでしょうか？
えっと…

あと、ノートではなくすべてタブレットにしてもらえると
本人も書きやすいみたいで!
ご両親のおっしゃることはよくわかります
ただ他の子もいるのでユウさんだけ特別対応はちょっと…
ええと…
確かに…
特別扱いになるとユウにとってもよくないですかね

合理的配慮が義務なのは理解しているのですが、他の子のことも考えないといけないので…
そうですよね…
合理的配慮は必要だけどノートをやめてタブレットを使うのはあまえにならないかな
まず管理職に相談します
他の子もうらやましがるだろうし
ずるーい!!
学校だと個々に合った学び方にしてもらうのは難しいのかな…
わぁぁぁぁぁ…!!
いったいどうしたら…

第3章

子どもの思いを大切にするかかわり方は？

子どものかかわりの基本「子どもの権利条約」

子どもと接する中で、「このかかわり方、合っているのかな……」「この場合どうしたらいいのかな……」と不安になることはありませんか？　例えば一つ目のマンガでは、「なんかおなか痛い」と言って学校は休むけれど、食欲もあり元気に遊んでいるヒカルさんに対して、お父さんはどのようにかかわったらいいのか悩んでいます。

二つ目のマンガでは、保護者と先生との面談の中で、読み書きに障害のあるユウさんがタブレットを使って学習をする合理的配慮について、他の子から見ると「特別扱い」になってしまうことを懸念し、先生も保護者もどうしたらいいか悩んでいます。

もしあなたが先生だったら、あるいは保護者だったら、どう考えますか？

子どものかかわりにおいて最も大切にしたいことは、「子どもの権利を保障する」こ

とです。1990年に国際条約として発効され、1994年に日本が批准した「子どもの権利条約」では、40条にわたって子どもがどのような権利を持っているのかについて書いてあります。子どもの権利条約の原則は次の4つです（日本ユニセフ協会のホームページより）。

①差別の禁止（差別のないこと）
すべての子どもは、子ども自身や親の人種や国籍、性、意見、障害、経済状況などどんな理由でも差別されず、条約の定めるすべての権利が保障されます。

②子どもの最善の利益（子どもにとって最もよいこと）
子どもに関することが決められ、行われるときは、「その子どもにとって最もよいことは何か」を第一に考えます。

③生命、生存及び発達に対する権利（命を守られ成長できること）
すべての子どもの命が守られ、もって生まれた能力を十分に伸ばして成長できるよう、医療、教育、生活への支援などを受けることが保障されます。

④子どもの意見の尊重（子どもが意味のある参加ができること）

子どもは自分に関係のある事柄について自由に意見を表すことができ、大人はその意見を子どもの発達に応じて十分に考慮します。

子どもの権利条約を踏まえてマンガのケースを考えると、どのようなかかわりがよいのでしょうか。どちらのケースも②の「子どもにとって最もよいこと」は何かがわからなく、悩んでいることがうかがえます。

本章では、子どもの権利という視点に立ち、先生として、保護者としての子どもとのかかわりをどうしたらよいかを具体的に検討していきます。**子どもで、さらに障害がある場合、その子の権利は侵害されやすい**です。特に、子ども自身の意見を聞かずに、周囲の大人のみでよかれと思って物事を進めてしまうケースが多いのです。

ご自身の日々のかかわり方を、子どもの権利の視点に立って見直してみましょう。

学校は行かなければいけないのか？

第3章　子どもの思いを大切にするかかわり方は？

ヒカルさんの場合、お父さんは彼女にとっての最善の利益を考えて、「無理やり行かせるべきなのか」と悩んでいます。このお父さんのように、子どもがこのまま学校にずっと行けなくなってしまったら、教育を受ける権利が保障されないのではないかと心配に思う保護者は大勢います。では、**教育を受ける権利は、学校に行くことでしか保障できないのでしょうか？**

まず、**「学校に行くことだけが教育を受ける権利を保障する方法ではない」ということは、子どもの権利の視点で考えるときの大切なポイント**です。現在は、不登校の子どもが学校以外の場で学んでいても出席扱いをする制度があります。例えば、次のようなケースです。

小学校の通常の学級に在籍している5年生。自閉スペクトラム症とADHDの診断があります。学校に行くとたくさんの刺激や、苦手な教科を頑張りすぎて疲れ果ててしまい、家に帰ると、毎日すぐにソファーに寝そべってぐったりしてしまいます。それでも頑張って学校に通い続けましたが、ある日高熱を出し、学校に数日

「どうすることが子どもにとってよいのか」の判断は悩ましい……

行けなかったのをきっかけに通えなくなりました。

その後、自宅でしばらく過ごし、学校以外の場所に外出する元気を取り戻したタイミングで、近隣のフリースクールへ見学に行きました。フリースクールでは子どもの数が限られ、刺激も少なく、また、その日に行われる活動への参加は必須ではありません。

ここが自分に合っていると思い、5年生の間はフリースクールに通うことにしました。

その後、6年生に進級したタイミングで、学校は週に3回、フリースクールは週に2回通うことにしました。保護者が、在籍学校の校長先生とフリースクールで学んでいる内容などを共有し、校長先生はフリースクールに通う日も「出席扱い」に該当すると判断しました。

このように、学校に行くことが難しくなった場合に、別の場で学ぶことも選択肢の一つです。

ここで気をつけなければならないことが二つあります。

一つは、**別の場で学ぶという選択を誰もができるかというと、そうではない**ということです。なぜなら、学校以外の場で学ぶとなると、年齢によっては保護者の送り迎えが必要だったり、費用が必要だったりする場合もあります。また、近隣にそのような場所がなかったり、自分に合う場所が見つからなかったりする場合もあります。

もう一つは、**出席扱いにするからといって、学校自体のあり方が変わらない危険がある**ということです。実際に不登校状態にある子どもに対して、「あなたはこの学校が合わないんだね、じゃあ別の場で学んだらいいよ」というスタンスを持つ学校もあります。そのようなスタンスを学校全体が持ち続けて、学校そのものを変えようとしない場合、不登校状態の子どもは増え続けるでしょう。そして、**学校に行くことができる子どもは、これまで伝えてきたとおり、学校の「当たり前」に合わせることができる子どものみになり、多様性は失われていくでしょう。**

学校はあくまでも、多様な子どもたちが通えることを前提とした学校へと変わり続ける努力をしなければなりません。いまの学校ではそれが難しい……という先生は第4章を読んでみてください。

その子の意見を尊重する

次に、④の「子どもの意見の尊重」の観点から考えると、ヒカルさんの意見はどうなのでしょうか。「おなかが痛い」と言い、お父さんの「学校を休む？」という提案に「そうする」と答えています。本当におなかが痛いのかもしれませんし、何か言いたいことがあるけれどそれが言いづらいのか、もしくはうまく言葉にできなくて、「おなかが痛い」と言っている可能性もあります。

また、ヒカルさんは学校に行きたくないと思っているかもしれませんし、学校に行きたいけれど行けない理由があるのかもしれません。いずれにしても、ヒカルさん自身がどう思っているのか、どうしたいと考えているのかについては十分にわかりません。もしかしたら、ヒカルさん自身もどうしたらいいのかわからないのかもしれません。

こんなとき、学校に行きたくない理由や今後どうしていきたいかなど、本人の意見を大人が焦って無理やり聞こうとしがちですが、子どものタイミングを大切にしながら本人の意見を聞くのが大切です。聞くときのポイントは後ほど解説します。

合理的配慮は本人を含めて「調整」するもの

二つ目のマンガでは、障害のある子どもの権利として合理的配慮を提供しなければならないことを先生も保護者も理解していますが、一人だけ他の子と異なる対応をして周りの

第3章　子どもの思いを大切にするかかわり方は？

子が「ずるい」と言ったらどうしよう、それは本当にユウさんのためになるのだろうか？　と悩んでいます。第1章で書いたとおり、**合理的配慮は障害のある子どもが学校における障壁を解消するために行使できる権利**です。他の子と同じように教育を受ける権利を保障するために、合理的配慮は必要です。

一方で、マンガではユウさんの意見を聞かずに、保護者と先生だけで合理的配慮を決めようとしています。合理的配慮は英語では"Reasonable Accommodation"と言い、「配慮」というより「調整」の意味合いが強く、「当事者との対話」を通して調整していくことが前提になっています。子どもとのかかわりで大切なのは、**大人の都合で決めつけず、その子にとっての最善を模索し続けること**です。模索し続ける過程の中で、子ども自身の意見を聞きましょう。

よかれと思った行為が、本人の気持ちとはかけ離れた結果になることも……

私たち抜きに私たちのことを決めないで

皆さんも子どもについて何かを決めるときに、本人に意見を聞かずに勝手に決めてしまうことはありませんか？　これまでは、特に幼い子どもは自分の意見を言えない存在とされてきました。子どもの権利条約においては、**どんなに幼い乳幼児であっても、自分の意見を言う主体である**ことが明示されています。

子どもと同様に、障害のある人もまた守られるべき存在であり、自分のことを自分で決めることができないとされてきました。しかし、2014年に日本も批准した「障害者の権利に関する条約」においては、「私たち抜きに私たちのことを決めないで（Nothing about us without us）」がスローガンとして掲げられ、**障害のある人は自分にかかわる物事を決める主体である**ことが強調されています。

障害のある子どもの意見は聞かれづらい

第3章　子どもの思いを大切にするかかわり方は？

子どもで、さらに障害がある場合だと、本人の意見はさらに尊重されづらくなります。そもそも意見を聞かれないことが多いかもしれません。例えば、次のようなケースがあります。

自閉スペクトラム症の診断のあるナナさん（仮名）は、通常の学級に在籍しながら、通級（発達障害などで読み書きや対人関係が苦手な子どもが、ふだんは通常の学級に在籍し、一部の授業を別の学校で受けること）による指導を利用している小学校6年生。もうすぐ中学生になります。学校の先生と保護者は面談をして、ナナさんは中学校から「特別支援学級」に在籍をしたほうがよいのでは、という話になりました。保護者は、特別支援学級のほうが丁寧に勉強を見てくれる、と思い、「中学校から少人数クラスだよ」とナナさんに言いました。ナナさんはよくわからないまま、中学校に進学しました。

このケースでは、小学校の先生と保護者が本人の最善の利益を検討した結果、特別支援学級への転籍を決めていますが、ナナさんの意見は聞いていません。学びの場の選択については、そもそも本来は誰もが地域の通常の学校で当たり前に学びが保障されるべきですが、現在の制度では学びの場を選択せざるをえない状況です。

可能な限りそれぞれの場の見学などに行き、それぞれの学びの場の特徴や得られる支援について本人にわかる形で伝え、一緒に選択していくことが望ましいです。特に重度の障

害のある子どもについては、本人の意見は置き去りにされやすいです。本人と一緒に見学に行き、そのときの本人の様子からどちらのほうが楽しく過ごして学べそうかを観察したり、絵カードや写真などを用いて一緒に選択をしたりなど、本人に合った形で情報提供をして、意見表明ができるような支援をすることが大切です。

その他にも例えばこのようなケースがあります。

ADHDの診断のあるダイさん（仮名）は、通常の学級に在籍している小学校2年生。国語や算数の時間は、支援員がダイさんのクラスに来てダイさんの支援をすることになっています。ダイさんは支援員が近くに来ると大声で「どけ！」と言います。保護者や担任は、「ダイさんのために支援員が来ているのに、なんでそんな乱暴なこと言うの。ダイさんはどうしてほしいの」とダイさんに尋ねますが、ダイさんは何も答えません。

ダイさんは伝えたいことがあるけれどうまく伝えられないか、もしくは何が嫌なのか自分でもわからないのかもしれません。このようなとき、周りは「本人の意見を聞いたけれど何も言わなかった」ため、本人にとっては何かが確実に嫌なはずなのに環境を変えない、というケースがとても多いです。

ダイさんのように、言葉で伝えることが難しかったり、どうしたいのか自分でもわからなかったりする子どももいます。中には、大人の顔色をうかがって大人が望んでいる意見

第3章　子どもの思いを大切にするかかわり方は？

を言う子どももいます。とりわけ、発達障害のある子どもたちは、自分の意見を相手に伝えることが難しいという特性がある子どもが多いです。

それでは、子どもの意見を聞くためにどうしたらよいのでしょうか？　いくつかポイントをお伝えします。

① 大人と子どもは対等になり得ない

大人と子どもでは、常に大人のほうに優位性があります。身体的な力も強く、知識も多く、子どもに関するさまざまな物事を決められる権力を持っています。保護者であれば経済的にも子どもを養っており、生きるための食事をつくったり生活に必要なものを用意したりする存在です。子どもからしたら、「この人に嫌われたら自分は生きていけない」というほどに大きな存在です。そのような存在に対しては、なかなか自分の意見は

「親子だからこそ言いづらいこともある」と想像することも大切

言いづらいでしょう。

そのため、**大人が子どもとかかわるときは、自分に圧倒的な権力があること、子どもとの関係性がたやすく支配関係になってしまうことに留意する**必要があります。

例えば、ヒカルさんはもしかしたらおなかは痛くないけれど、「学校に行きたくない」とお父さんに伝えづらくて、「おなかが痛い」と言っているかもしれません。「学校に行きたくない」と言ったら怒られると思っている可能性もあります。

私もこれまで、明らかに困っているのに、「困っていることない？」と聞くと「ない」と言う子とたくさん接してきました。このような状況で周りの大人は、**「この子は困っていることを伝えられない子」と受け止めがちですが、私に「困っている」と伝えたいと思えるだけの関係性を、その子と築けていないから起こったこと**だったのです。

子どもが大人に自分の意見を表明することができる関係性を築くためには、**大人と子どもの関係性が非対称であることを認識し、日々のかかわりの中で、どんな意見もジャッジしないことや、あなたの意見はとても大切というメッセージを伝え続けることが重要**です。

そのようなメッセージを伝え続けながら、子どもが自分から伝えたくなるタイミングを焦らずに待ちましょう。

②その子の年齢や特性に合わせて情報を提供する

子どもは発達の過程にいるため、自分のことを決めるために自分で情報を収集したり、選択肢を検討したりすることが難しいです。自分がどのような権利を持っているのかについて知らない子どもがほとんどではないでしょうか？　ヒカルさんの場合、本人が「学校は行かなければならないところ」「学校に行かない自分はダメだ」という認識があったら、「本当は行きたくない」「学校のここが嫌だ」という意見があったとしても言いづらいでしょう。

「誰もが教育を受ける権利があること」「学校がどうしてもつらい場合はどんな選択肢があるのか」などについて、ヒカルさんがわかるかたちで情報を提供する必要があります。その際に大事なことは、前述した①を踏まえることです。大人が「学校に行かないとダメだ」と威圧的な態度を示しながら本人に意見を聞いたとしても、本

子どもの権利をふまえて環境をどう変えるか考えることが大切

音はおそらく出てこないでしょう。

また、ユウさんのケースでは、ユウさん自身が合理的配慮を受ける権利があること、なぜ自分にはそのような権利があるのか、どのような合理的配慮の選択肢があるのか、などの情報を本人がわかるかたちで知らせる必要があります。そのような情報がないと、「みんなと同じがいい」という意見を口にしてしまうかもしれません。

よく、「読み書きに障害のある子にタブレットの使用をすすめたけれど本人が嫌がる」との相談をもらいます。第2章に書いたように、「学校における当たり前」が「教科書とノートで学ぶこと」であり、「周りと違うことをすること」が「ダメなこと」という規範が学校にあったら、本人もその規範が「当たり前」と学んでいるため、「周りと違うことは嫌だ」と言うでしょう。**大人がつくった環境が、子どもにその意見を言わせているにもかかわらず、それをその子の意見としてしまうリスクには気をつけなければなりません。**

私は合理的配慮について本人の意見を聞く際に、必ず子どもに「社会モデル」の話をあわせて伝えます。「いまはたまたまあなたの学校では、教科書とノートで学ぶことが当たり前になっている。それはたまたまであり、教科書とノートではなく、タブレットで学ぶあなたが劣っているわけではない。それはただの違い。もしかしたら数年後は、タブレットで学ぶことが当たり前になっているかもしれない（いまそうなりつつある学校もありま

第3章　子どもの思いを大切にするかかわり方は？

す）」と。

それから、自分らしく学ぶ権利があることを本人に伝えています。先生なら、クラス全体にこのような社会モデルの概念を伝えるのもよいでしょう。保護者なら、自身が子どものときの「当たり前」といまの「当たり前」がどれだけ違うかを、話してみるところから始めるといいかもしれません。

③「困った行動」は子どもからのメッセージ

自分の意見を言葉にして伝えるのは、誰にとってもすごく難しいことです。特に発達障害のある子どもの場合、言葉にして伝えることが困難な子どもがたくさんいます。中には言葉以外の方法で相手に何かを伝えようとしている子もいます。

大人から見た「困った行動」は、子どもにとっては「何かを伝えたいけれど伝え方がわからない！」というメッセージかもしれません。

例えば、私が以前働いていた小学校では、自閉スペクトラム症の子が、授業中に急に教室のカーテンにくるまることがよくありました。注目して観察していると、授業中に文章を自分で考えて書く時間になると、カーテンにくるまることがわかりました。

その子はカーテンにくるまることで、「わからない」という意思表示をしていたのです。その子には言葉を口に出すことよりも、カードを使って伝えるほうが合っていました。そこで、カードを用意して、「わからないときは『わからないカード』を出そう」と確認し、文章を書く時間には必ずカードをあらかじめ机の上に置いて、本人が使いやすいようにしました。

先ほど紹介した支援員に「どけ！」と言ってしまうダイさんも、おそらく何かしらの意見を伝えたいのでしょう。もしかしたら、支援員のかかわり方が嫌なのかもしれませんし、支援員が他の子のところには行かないのに、自分のところだけに来るのが嫌なのかもしれません。

困った行動の背景には本人が伝えたい何かが隠れている可能性があります。その子の行動やその行動の前後をじっくり観察することで、本人が伝えたいメッセージをぜひ探してみてください。

第3章　子どもの思いを大切にするかかわり方は？

④その子が表現しやすい方法を用意する

カーテンにくるまる子は、言葉で伝えるよりもカードで伝えるほうが合っていたため、カードを使用しました。その子に限らず、**子どもによってどのようにしたら自分の意見を伝えやすいかは、全く異なります。**

例えば、以前視察をしたあるアメリカの小学校では、すべての子どもたちの机の上に赤い紙コップと青い紙コップが置いてあり、先生の言っていることがわかるときは赤い紙コップを上にし、ちょっとわかりづらいときは青い紙コップを上にする、といった実践をしていました。これなら子どもたちがわかったかどのくらいの子がわかったかを把握することができます。

大人は、言葉を口に出して伝えることを子どもに求めがちですが、その子に合った伝え方を用意することも、その子の意見を聞くための手だての一つです。皆さんの中にも面と向かってだと言いづらいけど、メールやメッセージアプリだと言いやすい、ということはあるのではないでしょうか。**口頭で伝えること以外に、文字を書いて伝える、カードを選んで伝える、絵を描いて伝えるなど、さまざまな方法を用意して、その子にとっての伝え**

やすい方法を探ってみましょう。

まずは子どもの声を聞き、一緒に決める

本章では、子どもの意見を聞くことの大切さ、その具体的なポイントをお伝えしてきました。合理的配慮は、障害のある子どもが学校のみでなく、大人になってから働くときや何かのサービスを利用する際にも行使できる権利です。**合理的配慮を求める意思表明をするためには、子どもの頃から自らの意見が大切にされる経験、自分に合った形で意見を伝える経験が大切です。**「子どもの意見を聞く＝すべて子どもの言いなりになる」ではありません。

子どもの意見を踏まえたうえであなたの意見を本人に伝えて、子どももあなたも、そして周りの人たちも気持ちよく過ごすためには何ができるかをともに考え、ともに決める機会をたくさんつくりましょう。

第1章や第2章でお伝えしてきた、**学校における「ふつう」をアップデートしていくことは、まさに子どもたちの声を聞くところから始まります。**「いまの学校でどんな障壁を

感じているか」について、前述のポイントを踏まえながら子どもたちに聞いて、アップデートできることを一緒に話し合うことから始めてみるのはいかがでしょうか？

はじめからすべてについて意見を言ってもらうことは難しいかもしれません。ですから例えば、先生だったら掃除や給食、特定の教科などに絞って、子どもたちに何に障壁を感じるかを聞いてみるのもよいでしょう。保護者だったら、普段は子どもの「わがまま」ととらえてスルーしていた言葉に、じっくり耳を傾けることから始めてみてもよいかもしれません。

Case1

やらなきゃいけないことも
授業の準備も全然終わらない…
これが終わったら作文にコメントもしないと
子どもたちのために頑張らなきゃ！
はーーーい
〜となりますわかった人？
あの子またできてない…

通級に行ってて発達障害の診断もあるんだよな
うーん…
でも自分ではどうしたらいいかわからない…
―その日の夜、自宅―
お父さん！
ばんっ！
運動会は10月5日だよ！
今年こそ見に来てよ！
ずい
ずい
困った 勤務校の運動会とまた同じ日だ…
担任だから仕事を休むわけにもいかないし…

Case2
ガタ…
今日中に終えられずすみません
子どもが待っていて残業ができず今日は失礼させてください
ハァ…
そう、お疲れさま
ただいまー

また時間なくて
お総菜か…
今日こそ
全部手作りに
しようと
思ったのに
ホラ、ちゃんと座って
ワハハハ
いただきまーす!
いまのうちに
連絡帳を…
パラ…
れんらくちょう
『たくやさんは
漢字練習が全然
できてません。
家で取り組ませ
てください』
たくやは発達障害で
漢字を書くのが
難しいって言ったのに…
仕事も育児も
中途半端
でもやっぱり親の私が
全部取り組まないと
ダメなのかな…

第4章

子どもも大人も「ふつう」にとらわれないために

「先生として」「親として」こうならねば

マンガを読んで、皆さんはどう思いましたか。一つ目のマンガに出てくる先生は「ふつうの先生」でしょうか？　また、二つ目のマンガの母親は「ふつうの母親」でしょうか？　二人とも「もっとこうしなければならないのに」と焦っています。学校の先生から「先生としてやらなければならないことがたくさんあるけれど、自分はできていない」という声や、発達障害のある子どもを育てる保護者から「子どもに上手に接することができない自分は努力が足りない」「母親として子どもとの時間をもっとつくらなければならないけれど仕事が忙しい」と悩む声もよく聞きます。私自身も、「他の親のように自分はできていない」「母親としてこうしなければならない」と思うことがたくさんあります。

自分の理想像があること自体は悪くはありません。**けれど、本当に私たちは必ずしもそ**

うならねばならないのでしょうか？　その「ねばならない」「こうあるべき」はいったいどこから来ているのでしょうか？

　これまでの章では、学校での「ふつう」はマジョリティを中心につくられてきたこと、その「ふつう」を発達障害のある子どもに押し付けることの弊害、「ふつう」による障壁を取り除いてアップデートする方法などについてお伝えしてきました。**発達障害のある子どもに「ふつう」を押し付けたくなる先生や保護者など周囲の大人も、「ふつう」や「こうあるべき」を社会から押し付けられている可能性があります**。実際、仕事や子育てにおいての障壁がある大人も、大勢いるのではないでしょうか？

　大人たちが、社会にある障壁に対して「しょうがない」と受け入れて我慢をすることは、子どもにも社会の障壁を「しょうがない」と我慢を強いてしまうことにつながります。**発達障害のある子どもたちにとっての社会の障壁を取り除いていくためには、大人もまた、自分たちにとっての社会の障壁を取り除いていくことがとても大切です**。

先生は忙しいのが「ふつう」？

マンガでは、先生が「子どもたちのために頑張らないと」と、夜遅くまで学校で仕事をする様子がうかがえます。この姿を見て、「本人が頑張りたいんだから、遅くまで働いてもいいじゃないか」と思う人もいるでしょう。あるいは、「そもそもこの先生の作業の効率が悪いんじゃないか」と疑う人もいるかもしれません。

日本の先生は「世界一多忙」という調査結果があるほど忙しく、労働環境の改善が不可欠の状況です。さらに、2022年の文部科学省の調査結果においては、2021年5月時点で公立小中学校のほぼ20校に1校で教師不足が発生していることが明らかになっています。教員になってすぐ辞める先生の数も増加しており、その背景には十分な育成・フォロー体制が整っていないことが考えられます。「先生は忙しいのがふつう」が常態化してしまった結果、先生のなり手が減り、ますます先生たちは忙しくなってしまっているのです。

クラスや子どものために本当に必要なのは「忙しい先生」？

このような実態を踏まえると、そもそもが無理をして遅くまで働かざるを得ない状況であることがわかります。つまり、先生の忙しさは個々人の問題ではなく、学校全体の構造の問題なのです。「常に忙しいのがふつう」であるという構造や文化は、先生たちの「働くうえでの障壁」になってしまっています。

では、「先生は忙しいのがふつう」は子どもたちにはどんな影響を及ぼすのでしょうか？　学校現場で先生たちに余裕がなくなると、多様な子どもたち一人一人と向き合うための、時間的な余裕も精神的な余裕もなくなります。その結果、発達障害の子どもたちの行動に対して、「なぜそのような行動をしているのだろう」と考える余裕がなくなり、「この子さえいなければ」と排除したくなってしまうかもしれません。

それではこのような状況はどうしたら解決できるのでしょうか。「教師の働く環境を変えていくことは一教員には難しい」と思っている人もいるかもしれません。まずは、「忙しいのがふつう」であるうえで障壁」となっていることを、周りの先生と共有することから始めてみるのはどうでしょうか？　同じ学校の先生に言いづらい場合は違う自治体や違う学校の先生でもよいです。きっと同じように思っている人がいます。そのうえで、一緒に次の行動を考えてみることをお勧めします。

例えば、ある学校では「定時DAY」を設け、定時に必ず帰る曜日をつくっています。

定時に帰ることをみんなで意識するための行動です。学校にあるさまざまな会議を見直してその数を減らすなど、業務量を見直している学校もあります。文部科学省で報告している働き方改革の事例集（※1）を参考に、働き方改革を学校で進めるのも一つの行動です。

一方で、学校の努力のみではどうしようもないこともあります。**学校でできることは改善しつつ、難しいことは教育委員会や国に要望するのも大切**です。要望する際には、多くの声を集めること、具体的に何をどのように変えるべきかを伝えることが重要です。そのために、労働組合やＮＰＯなどと連携をするのも有効です。

例えば、特定非営利活動法人School Voice Project（※2）という団体があります。この団体はさまざまな方法で学校現場を変える活動をしています。活動の一つとして、教職員にアンケートをとり、アンケートの結果を文部科学省に提出し、政策提言をしています。その他にも、全国の学校の先生と交流するような場もあります。このような場に参加し、連携してともに声を上げていくことも、構造を変えていくための一つのアクションです。

先生は一人で解決するのが「ふつう」？

マンガでは、授業で先生の問いかけにわからなさそうにしている子に対する、先生の悩ましい心の声が漏れ聞こえています。

もちろん、通常学級の担任の先生が発達障害について学び、対応方法を知ることはとても大切です。一方、この先生の中には「一人で解決しなければならない」という考えがありますが、**本当に一人で解決しなければならないのでしょうか？ この背景には、そもそも担任の先生が一人で解決せざるを得ない状況があるのかもしれません。**

2007年に特別支援教育が始まった際に、**どの小中学校においても特別支援教育コーディネーターを指名し、さらに校内委員会を設置することが義務付けられました。** 特別支援教育コーディネーターは、各学校で特別な支援が必要な子どもに関するコーディネート業務をする人です。例えば研修を企画したり、外部の専門家や保護者との窓口になったりします。しかし、特別支援教育コーディネーターはほとんどの自治体において、専任ではありません。つまり、通常の学級や特別支援学級の担任をしながら、コーディネート業務をしています。

また、校内委員会は、校内で特別支援教育コーディネーターを中心としながら、支援が必要な子どもについて情報共有や相談をし合うような機能を持っています。しかし、この校内委員会については、学校によって実施の頻度が年に1、2回というところもあり、特別な支援を要する子どもが増加している中、マンガの先生のような悩みがあっても相談しづらい体制になっている実情もあります。

その他にも近隣の特別支援学校のセンター的機能を活用して、特別支援学校の先生から助言をもらう仕組みもあります。一方で、地域によっては特別支援学校が物理的に遠い場所にあり、なかなか助言をもらいづらいという実態もあります。マンガで**先生が「自分でやらなきゃ」と思っている背景には、そのような本来先生をサポートするための仕組みが活用しづらく、相談ができない状況がある**のかもしれません。

さらに、「一人で解決するのがふつう」という文化が蔓延《まんえん》している学校や、「指導力のある先生」と評価されるような先生を「一人でなんでも解決する先生」とされている学校だったら、なおさら一人で解決しなければ……と思ってしまうでしょう。**「一人で解決するのがふつう」の学校だったら、先生たちの姿を見た子どもたちもまた、「なんでも一人で解決しなければ」と思うようになってしまうかもしれません**。

では、先生が一人で解決しなくてよい学校づくりのためには何ができるのでしょうか？

例えば、ある学校では、障害のある子どもが何に困っているのか、その困りごとに対してどのような支援・指導ができるのか、などをチームで話し合う「ケース会議」をする時間が確保されています。ケース会議を開催すると、子どもの情報共有のみで1時間が終わってしまい、解決策が見出せない場合もありますが、この学校では、毎週15分、任意参加のケース会議を実施し、事前に相談者が書面に概要を整理してから会議をします。そうすることで、その子の情報については資料に目を通したうえで、解決策のみを15分で話し合うことができるのです。

他には、例えば算数の授業の展開のしかた、すべての子どもにとってわかりやすい授業のあり方などを、先生たちが話し合う時間を設けている学校もあります。ここでは複数の学年で一緒に話し合うことにより、お互いにこれまでやってきた工夫なども共有できるようになっています。

このように、**困りごとをチームで解決する仕組みや文化が学校にあると、「全部一人で解決しなければ」と先生が一人で背負ってしまうことはない**でしょう。

さらに、特別支援教育コーディネーターを専任化している自治体や、自治体の財源で通常の学級で担任の先生をサポートする支援員を多く配置している自治体、学校が困ったときに教育委員会に電話したらすぐに指導主事が駆けつける仕組みをつくっている自治体もあります。先生の忙しさ同様、**学校のみで解決できないことについては、国や自治体に働きかけるのも大切**です。

母親は家事、育児、仕事を両立するのが「ふつう」？

二つ目のマンガの登場人物は、発達障害のある子どもの母親です。帰宅時間に仕事が終わらず、上司にため息を吐《つ》かれ、職場を後にします。夕食の準備をしながら全部手作りしたかったのにお総菜になってしまったことを責めています。同じようにお総菜を子どもに食べさせることに罪悪感を持っている母親は大勢いるのではないでしょうか？　また、仕事を終わらせられなくて職場の人に申し訳なく思い、さらに仕事で帰宅が遅くなって子どもにも申し訳なく思っている人は多いのではないでしょうか？

この背景には、日本のみでなく世界中で**「ジェンダー役割規範」が根付いている社会の構造**があります。皆さんは、「女らしく」「男らしく」と言われた経験はないでしょうか？

例えば、テレビ番組や広告などでもいまだ家事や育児は母親がやるべき、といった描写が多く、私を含む多くの人は「母親の手料理がいちばん」と言われて育っています。その結果、「母親が料理をつくるのがふつう」という価値観は、いまでも私たちの中に根深くあります。共働き世帯が増えて、母親も父親と同じように働いているにもかかわらず、家事や育児は母親が主に担当するという家庭はまだまだ多いです。

さらに、**多くの職場は家に家事や育児などのケア労働を中心に担う存在（多くの場合専業主婦）がいる人（多くの場合男性）を前提に設計されています。** 8時間労働をしてさらに残業もする、遅刻・早退は基本しない、有給休暇もほぼとらない、休みの日も電話に出られる……など、仕事に没頭できる人のみが昇進できるという労働環境が「ふつう」になってしまっている企業や組織が少なくないのではないでしょうか？

このように、家に家事や育児を担ってくれる人がいることが前提の労働環境で働くことが「ふつう」で、さらに、母親として家事や育児を担うのが「ふつう」の状況は、とても過酷です。**そもそも労働と家事・育児を両立することが難しい構造の中で、個人が無理をしないと生活していけないことが「ふつう」になっていることがおかしい**のです。

定時で帰ることを「申し訳ない」と思っている場合は、そのようにあなたに思わせている会社からの押し付けの可能性を疑ってください。もしそこに上司や同僚からの嫌がらせがあるなら、ハラスメントに当たります。そのような場合は、社内のハラスメント窓口や国が運営している窓口（※3）に問い合わせましょう。

発達障害のある子どもの子育ては母親が頑張るのが「ふつう」？

マンガでは、子どもの発達障害について学校が理解してくれないことに落胆しながら、「仕事も育児も中途半端で自分の努力が足りない」と自分を責めています。育児の中心を担うことを求められ、そのうえ子どもに発達障害があったとき、その子に合わせた支援や工夫を考えるのもすべて母親の役割と考えられている場合がとても多いです。学校に相談をしたとしても、「家で頑張ってください」「お母さんが頑張ってください」と言われてしまうケースはよく聞きます。

つまり、**「母親として家事や育児を担うのがふつう」と**いう社会からの押し付けがあり、さらに「発達障害のある子どもをちゃんと育てるのは母親の役割」という押し付けがあります。母親が一人で担うことが「ふつう」とされてしまっているのです。そもそも、母親が一人で頑張らないと子どもが学ぶ権利や合理的配慮を受ける権利を保障され

仕事も家事も育児も抱え込む状況はその人のせいではなく「周囲の押し付け」が問題

ない構造そのものに問題があります。

もし学校に合理的配慮を望む意思表明をしたとしても、拒否されたり、保護者のみに任されたりする場合は、学校側に問題があります。担任に伝えても改善がされないときは特別支援教育コーディネーターや校長先生などの管理職へ、管理職に相談しても改善されないときは、教育委員会へ伝えましょう。それでも改善されない場合は、障害者差別に関する国の相談窓口「つなぐ窓口」（※4）もあります。こちらもぜひ活用してみましょう。

「ふつう」を押し付けられると自分も「ふつう」を押し付ける

発達障害のある子どもを取り巻く大人自身が、社会から「ふつう」を押し付けられていたり縛られていたりすると、発達障害のある子どもにも「ふつう」であることを押し付けてしまうケースがよくあります。

何かを押し付けられていたり、縛られていたりする状況では、余裕を持つことは難しく、発達障害のある子の行動に対して、「なぜそういう行動をするのだろう？」と考える余裕はなかなか生まれないでしょう。

私は10年以上前に、ある小学校の非常勤講師として働き、通常の学級に在籍する自閉スペクトラム症の子の支援をしていました。全校朝会の際に、視覚的な支援もなくただひたすら人が話すのを聞かなければならない時間を過ごすのが、他の子にとっては「ふつう」でしたが、その子にとってはとてもつらい時間でした。私はその子に合わせて時間の見通しを立てられないか、視覚的な補助を使えないか、などの対策を考えましたが、それを実際に提案することはできませんでした。担任の先生には提案できたとしても、学校全体にかかわることへの提案は非常にしづらい状況だったのです。

当時、私はキャリアもない大学院を出たばかりの非常勤講師で、提案ができるような立場ではありませんでした。担任の先生の補助をする立場の非常勤講師は、学校全体にかかわることを提案しないのが「ふつう」です。私が「ふつう」を押し付けられていた結果、私もその子に「ふつう」を押し付けてしまっていたのです。いまだったら、空気を読まずに提案しようと思いますが、当時の私にはとても畏れ多いことでした。

同じように、「ふつう」を押し付けられている人が無意識のうちに子どもに「ふつう」を押し付けてしまうことはたくさんあります。この障壁をなくしていくためには、第3章で子どもが意見を表明する権利について伝えましたが、**大人も自分の職場について意見を表明できる権利を保障する仕組み**が必要です。

「ふつう」に縛られないために

「ふつう」に縛られないためには、まずは**自分自身が何を押し付けられているのか、何が障壁になっているのかを知ることが大切**です。第1章でお伝えしたように、そもそも「ふつう」の概念はあいまいであり、人によっても国によっても時代によっても違うため、「ふつう」のあり方自体を見直していくことが大切です。

例えば私は「ふつうの母親」であることに縛られていますし、社会からそれを求められています。子どもや職場に「申し訳ない」と思うことはたくさんありますが、この「申し訳ない」という気持ちは、自分が社会から求められている「ふつう」に縛られているからだ、と思うと少し気持ちが楽になり、「ま、いっか」と思えることも増えました。そして、私が大切にしたいのは「ふつうの母親」ではなく、子どもと楽しく穏やかに過ごすことだ、と思うことができました。読者の皆さんも「ふつう」に縛られていることに気がついたら、自分はどんな先生でありたいのか、家族でありたいのかを考えてみましょう。

さらに、自分がそうありたい家族であるために、そうありたい先生であるために、職場や学校を変えていく行動をすることだってできます。

例えば、**定時で帰ることに罪悪感を抱かないような職場の文化や仕組みづくり、困ったことがあったらチームで解決するための仕組みづくりを提案してみましょう。それは、発達障害のある子どもにとっての障壁を取り除くことと全く同じ発想**です。家庭でケア労働をしない人を中心につくられている職場を、そうではない人を前提にしていくためにいまの「ふつう」をどうアップデートしたらよいのか？　一人でなんでもこなせる先生を中心につくられている学校の「ふつう」を、どうアップデートしたらよいのか？　ぜひその視点を持って、自分自身を取り巻く環境の「ふつう」もアップデートしてみましょう。

無理のある「ふつう」には一緒にNOを

マンガのように先生も保護者も**社会から無理のある「ふつう」を押し付けられた結果、お互いに余裕がなくなり、対立してしまう場面をよく見ます。**

先生に相談したにもかかわらず、「家で漢字練習に取り組ませてください」と連絡帳に書いてあった背景には、先生自身が学校で合理的配慮の申し出を検討する時間がなく、さらにその先生をサポートする仕組みが学校にないため、担任一人で解決しなければならない構造があるからかもしれません。だからといって、先生の背景を踏まえて、保護者が合理的配慮を取り下げるべきでもありません。

合理的配慮の申し出を検討する時間が先生にないのであれば、**合理的配慮の申し出にNOと言うのではなく、業務時間内に業務である合理的配慮の検討ができないことが「ふつう」になってしまっている状況にNOと言うべき**です。管理職に伝えるハードルが高ければ、まずは周りの人と「これって〝NO〟だよね」と共有するところから始めるのもよいでしょう。もしも保護者が、先生の置かれている状況がおかしいと感じたら、先生と一緒にNOと言ってください。先生も、保護者が無理のある「ふつう」を押し付けられている状況を目の当たりにしたら、ともに協力して声を上げていきましょう。

自分自身が社会から押し付けられている無理のある「ふつう」に対して、その「ふつう」を変えていくために声を上げながら、周りの人が押し付けられている無理のある「ふつう」について、一緒に声を上げていくことが大切です。**子どもたちを取り巻く保護者や先生などの大人たちが、自分たちを縛る社会の「ふつう」に対してNOと声を上げ、「ふつう」をアップデートしていく。その行動姿勢が、子どもたちが自ら「ふつう」をアップデートしていく行動につながるのではないでしょうか。**

Noguchi Akina

アップデートの必要性にどう気づく?

第１部では発達障害のある子どもが学校で困らないためには、学校の「ふつう」をアップデートする必要性があることをお伝えしてきました。けれど、いまの「ふつう」で困った経験がなかったり、いまの「ふつう」に困っていてもなんとかやってきたりした人は、なかなか「ふつう」をアップデートする必要性に気づきづらいです。

私は、これまで自分が「ふつう」だと思っていたことが「ふつう」じゃない場所に行ったり、人に出会ったりすると、「ふつう」を疑い、アップデートする必要性に気がつきます。例えば海外に行ったとき。写真は、アメリカ・オハイオ州の公立学校を見に行ったときのもの。固いイス、バランスボール、やわらかいイスなど、子どもたちが自分に合ったイスを選べます。「日本では固いイスに座るのがふつうになっているけれど、それがふつうで本当にいいのかな？」と考えるきっかけになりました。

２歳になる子との暮らしでもそのような気づきをもらいます。子は絵本を最後まで見ず、１ページめくって見てやめて、また次の本を読み……と、どんどん違う絵本を見ます。「最後まで見るのがふつう」と思っていたけれど、確かにそういう見方もありだよね、と思ったり。また、子はデザートを食べてからごはんを食べます。デザートを食べてごはんを食べなかったら最後にデザートを食べたほうがよいと思うけれど、デザート食べてからごはんを食べるならそれもそれでいっか、と思ったり。

オハイオ州のある小学校の教室。さまざまな種類のイスがある

子、いつも私の「ふつう」をアップデートする機会をくれてありがとう。

Column

第2部

一人一人のバリアを取り除くために

周りにとって「困った子」は、実は「困っている子」です。その子にとって何かしらのバリアがあるのです。それに気づいて、互いを認め合うにはどうすればよいかを考えるためのヒントとして、その事例などをご紹介します。

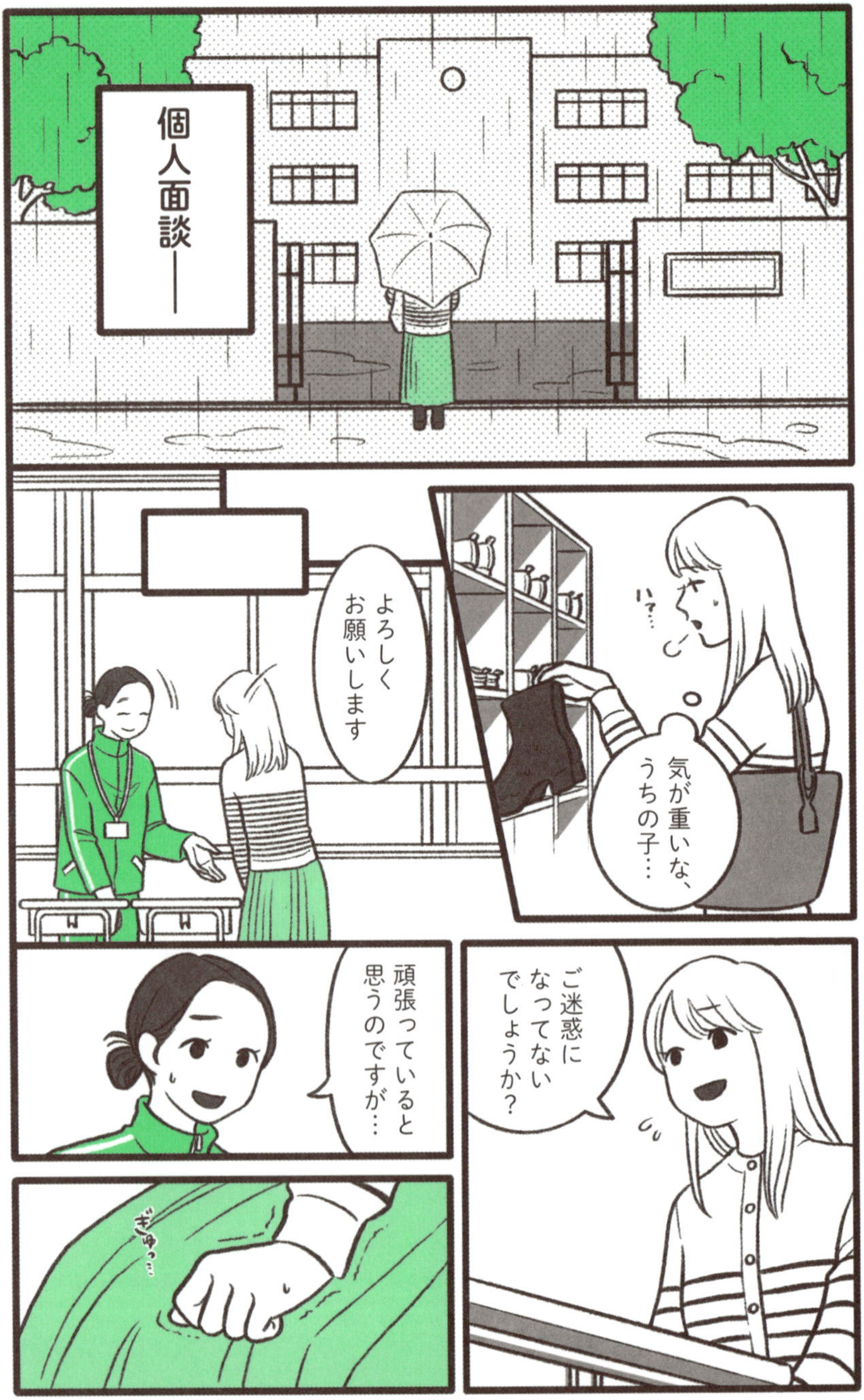
個人面談――
ハァ…
気が重いな、うちの子…
よろしくお願いします
ご迷惑になってないでしょうか?
頑張っていると思うのですが…
ぎゅっ…

落ち着きがないというか
授業中も立ち歩いたりしてしまって
申し訳ありませんうちの子…
お母さんからもよく話してもらえませんか
はい…
他の保護者からもソウタくんが
授業中立ち歩くことにご意見が——
すみません…
…
ただいま
ソウタちょっといい?

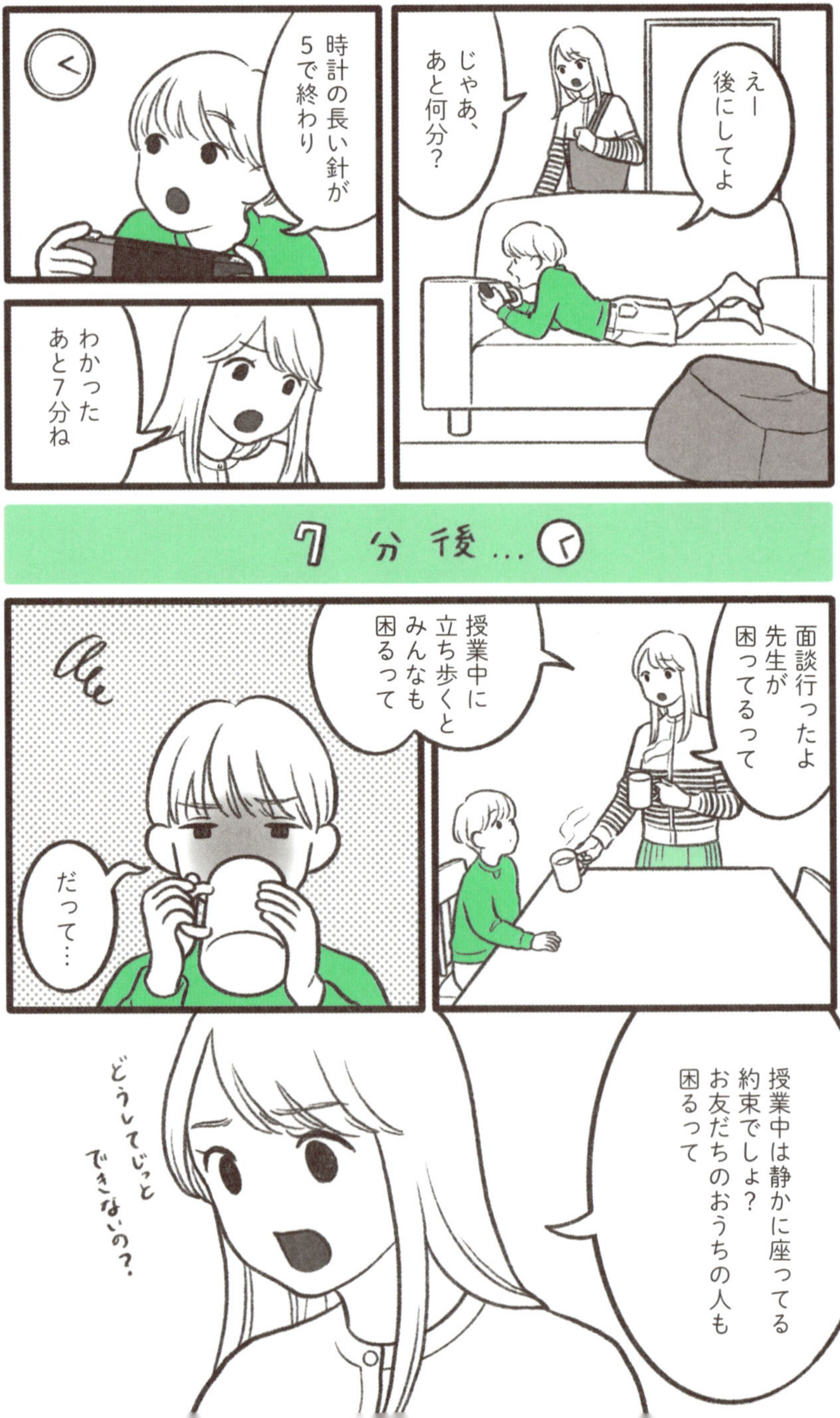
えー後にしてよ
じゃあ、あと何分？
時計の長い針が5で終わり
わかったあと7分ね
7分後…
面談行ったよ先生が困ってるって
授業中に立ち歩くとみんなも困るって
だって…
授業中は静かに座ってる約束でしょ？お友だちのおうちの人も困るって
どうしてじっとできないの？

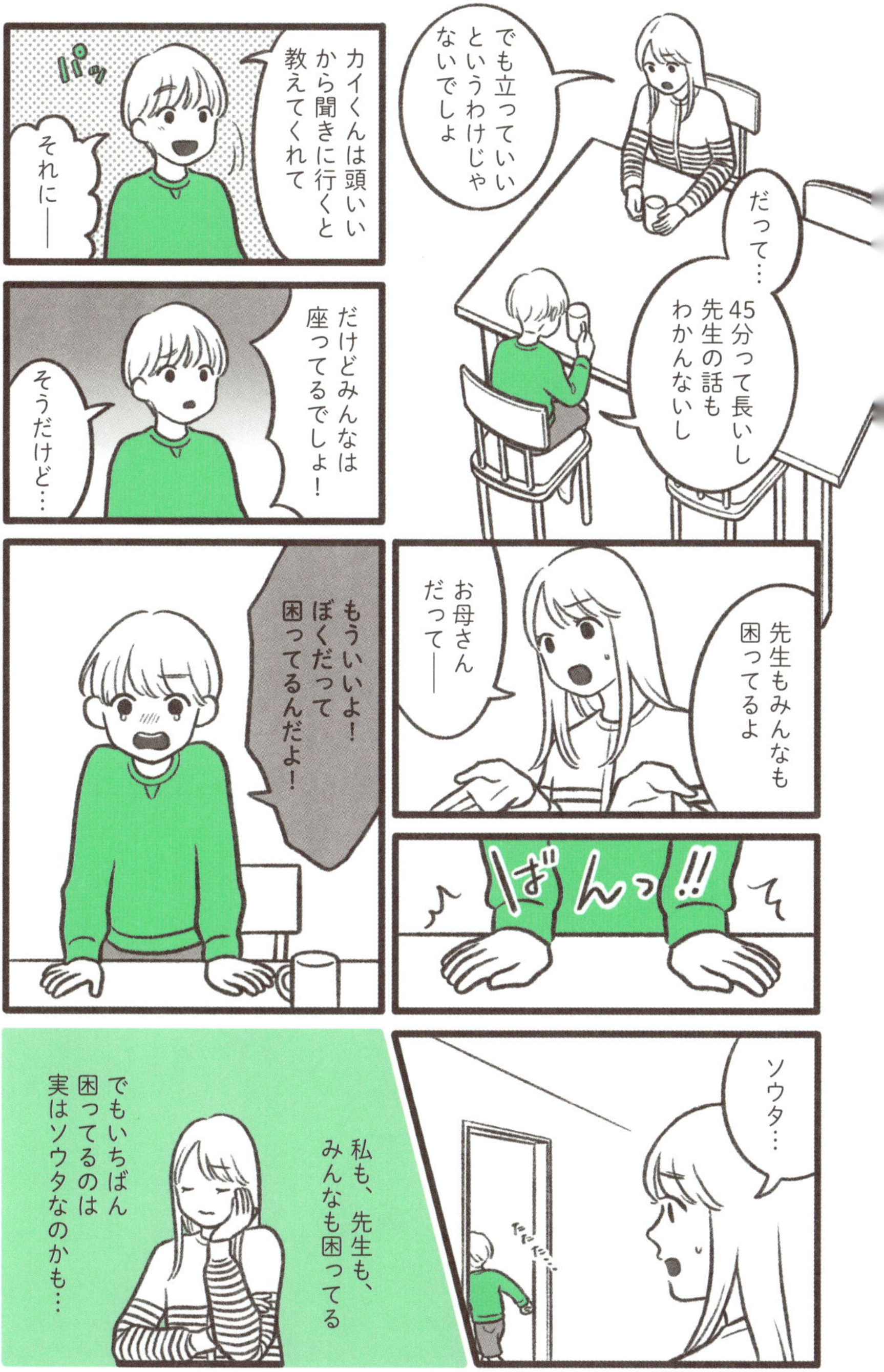
でも立っていいというわけじゃないでしょ
だって…45分って長いし先生の話もわかんないし
カイくんは頭いいから聞きに行くと教えてくれて
パッ
それに――
だけどみんなは座ってるでしょ！
そうだけど…
先生もみんなも困ってるよ
お母さんだって――
もういいよ！ぼくだって困ってるんだよ！
ばんっ!!
ソウタ…
たたた…
私も、みんなも、先生も困ってる
でもいちばん困ってるのは実はソウタなのかも…

第5章

「困った子」は「困っている子」

みんなと同じになってほしい……

「なんかあの子は周りの子と違う。何か変」。発達障害の子の保護者にとって、そんな周りからの声が気になってしまうことも多いのではないでしょうか？　もともと誰一人として同じ人なんかいないのに、よく考えてみたら不思議な言い方です。でも、よく耳にするのはなぜでしょうか？

第1章で語られていた「ふつう」が、その原因であることが多くあります。多様性は尊重されるべきだと頭ではわかっている。でも、やっぱり「ふつう」を求めたくなるのかもしれません。大人の世代の多くは、**子どもの頃から「みんなは何している？」「そんなことしている人いないよ？」と周りを見て、周りと同じようにすることを学校や家庭で求められてきました。**その経験がもとになって、同じように子育てや教育をしてしまいます。

このように、同じような価値観が再生産され、「周りに迷惑をかけないように」「みんなと同じように」という教育が行き過ぎることで同調圧力が生まれ、発達障害の子はもちろん、いろいろな子の生きづらさにもつながります。

ひろとくん（仮名・小学校5年生・ＬＤ（限局性学習症）の診断があり）の事例です。個人面談などで「うちの子も、他の子と同じように……」とお母さんの願いを聞くことが何度かありました。ひろとくんは習いごとや通信教育など、ご家庭の支援を受けてたくさん勉強をしていました。もしかすると、「させられていた」と言ったほうがいいかもしれません。でも、学年が上がるにつれて、テストの点数もだんだん取れなくなってきていたのです。

私は、「なんでも周りと同じようにできなくても、その子のスピードでいいと思うんです。得意不得意は誰にでもありますし、周りと同じを求めるのは本人に酷な気がします」とお母さんにお伝えしてきました。それでも、「頑張らせたい！」とお母さんはおっしゃいます。**点数が取れなくなってきたならもっとさせなくては、というお母さんの優しさからくる親心が、ひろとくんを「勉強したくない……」とぼやくような本末転倒な状況に陥らせてしまっていた**のかもしれません。

「うちの子も他の子と同じように……」という思いは、「子どもを変えよう」という気持ちを強くします。これは、「個人モデル」の典型例とも言えます。「どうにか指導して、みんなと同じようにできるようにしてほしい」という願いを持つ保護者は、ひろとくんのお母さんに限らず大勢いらっしゃいます。

カモフラージュできるようになることの光と影

ひろとくんは、指示を聞いて活動することに困っていました。おそらく、これまでは「とにかくみんなのまねをする」ことでなんとか過ごしてきたのだと思います。その結果、算数の問題では、設問文は全く読めていないけれど出てきた数字だけを取り出して計算することはできます。このように、一見困っていないように見せる「カモフラージュ（模倣）」ができるようになることもあります。

実際は本人の力がついているわけではなくても、「みんなと同じようにできるようになってきた」と保護者も先生も思ってしまうわけです。中には、**本人の成長よりも「周りを見て、模倣しているだけでもよいから、みんなと一緒のことを」と考えてしまう方もいますが、本人のためを考えると必ずしもいいわけではありません**。学年が上がるにつれて、単純で目に見えやすい行動はまねができても、例えば、ノートに自分の考えを書く、文章を読んで自分の考えを述べるような学習活動はまねができなくなります。ひろとくんも、4年生頃から困っている様子が顕著になっている状況でした。

このような模倣は、その場しのぎはできますが、結果として誰のためにもならないことが多いのです。

その子が変わる　周りも変わる

もちろん、ソーシャルスキルトレーニングやコミュニケーショントレーニングなどにより、困りごとが減少するケースもあります。例えば、「わからないときに、友だちに聞いてみる」ことも、ただまねをしてきて、人に聞く経験のない子にはできません。「そんなの当たり前」と思えることでも、発達障害の子にとっては当たり前ではないのです。**「学び方を学ぶ」ことが大切です。「魚を与える」のではなく、「魚の釣り方を教える」ということです。ただし、これもその子の事情に合わせたスモールステップが大事**です。

なお、ソーシャルスキルやコミュニケーションスキルについても、単に模倣をしてその場をしのぐためのものにならないようにすることがポイントです。

忘れてはいけないのは、「その子を変える」のではなく「その子が変わる」ようにかかわっていくことが大切だという点です。どれだけ本人が頑張ったとしても、周りとの関係性や評価によっては、その子は変われません。逆に、本人が特性により実際にはあまり変われなかったとしても、周りが変わっていくことで、「その子が変わる」こともあります。これは、その子の特性が変わるという意味ではなく、モチベーションや過ごしやすさが変わるということです。**周りから認められることで、本人が成長を感じられるように働きかければ自信につながります**。「自分はダメだ」「みんなよりできない」という思いを軽減して、「僕にもできる」と思えれば自分を変えていけるのです。

ある研究（※1）では、「利他的動機づけ」（誰かが喜んでくれるなど、他の人のためになるという動機）はADHD傾向が強い人の作動記憶（ワーキングメモリ）を改善するとも言われています。「勉強しないと自分が困るんだよ！」と伝えてもピンとこない子も多い

「その行動には意味がある」と考えられると見え方が変わるはず

のですが、「勉強しないでテストの点数が悪いとお父さんは悲しいなぁ」のように、「誰かが悲しんでしまう」または「誰かが喜んでくれる」とすることで、頑張れる子を見たことがないでしょうか？　私の経験では、掃除の時間などにこのような伝え方をすると活躍できる子が多くいました。

「みんなと同じに」を目指すのではなく、**どの子も気持ちよく過ごすためには、その子を変えようとする考え方から、その子が変われるようにする考え方へとアップデートすることが大切**です。

困った子は、困っている子

マンガのような事例は、小学校勤務時代によく見聞きした親子の姿です。家庭訪問や個人面談などで「家ではいつも親子げんかになる。どうしたらいいのか……」と悩みを打ち明ける発達障害の子の保護者がたくさんいらっしゃいました。「いままで学校の先生と話すといつもトラブルの

「困っている」のも、どうにかしたい思いもみんな同じはずなのに……

話題で嫌なことばかりでした」という感じで、また何か言われるのではないかと思いながら学校に足を運んでいる方が多かったのです。

私は、「こんなこともできましたよ」「こんなふうに頑張っていますよ」と、見つけた本人のいいところをお伝えしてきました。でも中には、「そんなの○年生だったら当たり前ですよね」という保護者もいらっしゃいます。「うちの子は遅れている」「もっと頑張らせないと」といった焦りの気持ちの表れです。

子どものことを案じる親心を否定するわけではなく、そのような保護者の願いは大事です。同様な願いを教師も持つことがあります。そうした願いを本人のペースで、適切な支援をしていくことにつなげたいのです。

「確かにそう思われるかもしれませんけど、○○くんにとっては成長だと思いませんか？**小さな一歩でも着実に成長していると思います。何よりうれしいのは、クラスのみんながそれを感じているんです」と本人の成長の様子だけでなく、周りが受け入れていることを私はお伝えするようにしています。**実際、「前より優しくなった！」「前より頑張っているよね」という何気ない周りの子からの反応はたくさんあるのです。その声を聞いて、保護者の顔が少し明るくなることがあります。

新しいクラスをスタートしたときから、その子と周りの関係性を変えていくことを私は大事にしています。

変身記念日

私のクラスでは4月の始業式を「変身記念日」と呼んできました。**「最初から無理だと諦めずに、この1年でどんな子になりたいかを書いてごらん。先生は全力で応援します」と伝え、書いてもらう**のです。

りゅうくん（仮名・小学校2年生・ＡＤＨＤ傾向で診断なし）の事例です。りゅうくんは私の提案に「べつにない」と面倒そうに答えました。自分を見つめることが苦手なのかもしれませんし、言ったところでできないし、と思ったのかもしれません。そんなときは、「いまはできないかもだけど、『本当はこうなりたいなぁ』はない？　書くのが無理ならお話しして教えてくれてもいいし。先生は応援したいんだよね。どうなりたいかがわからないと応援できないから」など、全力でサポートする旨を伝えます。うまく自分の思いを表せない子には寄り添いつつ、困りごとを引き出せるようにかかわります。

根気よくやりとりを重ねるうちに、りゅうくんは「友だちを増やしたい」と教えてくれました。そこでわかったのは、「友だちがいないこと」「すぐにたたいてしまうため友だちができないこと」「友だちに無視されるとたたいてしまうこと」「手が出てしまう理由はわからないこと」「仲よくなりたいのは、けんくん（仮名）」でした。

友だちが増えるように一緒に頑張ると私が伝えると、りゅうくんはとてもうれしそうな顔で「ともだちをふやしたい」と書きました。けんくんにもこれまでのことを聞いてみると、りゅうくんが何もしていないのにたたいてくるから逃げている、たたかなければ仲よくできるのに、という困りごとを教えてくれました。そこで、二人を仲介して話す機会を用意しました。

りゅうくんにけんくんの気持ちを伝え、たたかずに仲よくできそうか話したら、満面の笑みで頷《うなず》きました。「またたたきたくなるときがあったら、先生を呼んでね」とりゅうくんに伝えると同時に、けんくんには「もし、たたかれそうになったら、先生に教えに来てね」と対処法も教えました。翌日の休み時間では、クラスのみんなでおにごっこを楽しむりゅうくんの姿が見られました。

私のクラスでは、「できないことがあっても当たり前、人間だもの」と常に言ってきました。**みんな苦手があることを受け止め、それを応援する空気をつくることを大切にしたかった**のです。それによって、例えば、「オレ、計算苦手なんだよね」とある子が算数の時間に言うと、周りの子が「じゃあ、私が教えるよ！」とフォローしようとする空気感ができていました。休み時間には、「鉄棒教えて！」というような互恵的な関係が見られるようになってきていたのです。

こういう空気感のうえで、本人の了解を得て自身の困っていることとともに、りゅうくんの変身の目標をみんなに伝えてもらいました。それを聞いたけんくんは「たたいてこなかったらいいけど、たたかれたら嫌だ」と言い、他の子もそれに賛同しました。「みんなはりゅうくんが嫌いなんじゃなくて、たたいてくるのが嫌なんだね。たたかなかったらどう？」と聞くと「大丈夫！」と答えてくれます。

これはあくまで一例ですが、このように**問題点を明確にして、何がその子の「バリア」になっているのかを、みんなが気づくことが重要**です。

なお、このような困っていることのカミングアウトは、慎重に行うのが大切です。**「困っているから周りは助けてあげましょう」という空気をつくりがちですが、これでは「お世話してあげましょう」という関係性に陥ってしまいます。互恵的で対等な関係づくりを大切にしたい**ところです。

見えている問題と見えていない問題

「たたいてくるから嫌」だから「たたかなければいい」は、見えている問題であり、この理解だけではたいていうまくいきません。たたくという行動のそもそもの要因は、何なのでしょうか？　たたく以外の対処を知らないのかもしれませんし、思いを言葉で伝える術を持っていないのかもしれません。もしくは、「教えなくても自然とできる」というマジョリティの無意識が、その子にとっての困りごとの原因かもしれません。

このように、**注意すべきは「見えていない問題」に目を向けていくことです。これは、当事者にとっても周りの子にとっても大切なこと**です。

数日後、りゅうくんがまたたたいてみんなに責められて泣いてしまう出来事がありました。「どうしてたたいちゃったんだろうね？」と本人に質問しても、泣いて机に伏せてしまい答えてくれそうにありません。そこで、周りはどう思うか隣の席どうしで話し合ってほしいと、クラス全員に問いかけてみました。一部だけでなくみんながりゅうくんの思いを考えることを大切にしたかったのです。

「きっと、何かムカつくことがあったんじゃない？」

「でも、だからといってたたいたらだめでしょ！」

「そうだけど、怒らせた人も悪いかも……」

さまざまな意見が出てきました。その間、りゅうくんもクールダウンができてきました。

「みんながきみのことを一生懸命考えてくれているよ。顔上げて聞けそう？　みんなと仲よくするヒントがあるよ」と声をかけると、頷いて話を聞く姿勢になってくれました。

話し合いが進む中で、自然と「りゅうくん本人に聞いてみたらいいんじゃない？」という流れになりました。この**「きっと何か理由があるはずだ」という意識を自分たちで醸成することが重要なのです。これが、見えていない問題に目を向ける瞬間**なのです。

特性によってうまく対処できないことから、衝動的に「たたく」「蹴る」「暴言を吐く」などの周りの子が嫌がる行為をしてしまったことで、「悪い子」「嫌な子」と見られているケースが多くあります。すると、「一緒のクラスになっちゃった」「隣の席になっちゃった」といった見方をされてしまいがちです。**「嫌な子」という〝バイアスのメガネ〟を一度かけてしまうと、外すのはなかなか難しい**です。

しかし、子どもたちは一緒に少し立ち止まって考えることで、そのメガネを外すこともできます。「りゅうくんはたたく子」というメガネを外すことで、「りゅうくんにも何か理由があるのかも」という思いに気づける目で見られるようになっていったのです。

実は、クラスメイトの中には、りゅうくんが怒る原因に気づいている子もいました。ですが、みんなが「りゅうくんがまたたたいた！」と騒いでいる中では、原因を話すきっかけを失っていたのです。**時間を少し取って話す機会を設けたからこそ、子どもたちの中から自発的にりゅうくんに寄り添う優しい言葉が出てきた**のだと思います。

結果としてりゅうくんには理由があり、それを聞いたみんなも納得しました。私は、りゅうくんが言葉で表すことが苦手でつい手が出てしまうこと、たたかないようにするのがまず大事だけど、すぐに直すのは難しいためみんなで応援してほしいことを伝えました。**このようなちょっとした体験の積み重ねが、多様性の尊重につながっていく**のです。

自分のものさしで見るのではなく、自分のものさしを見直す

授業中すぐに立ち歩いてしまうさなさん（仮名・小学校3年生・ADHDの診断あり）。「さなさん、どうしたの？」と私が声をかけると自席に戻るのですが、理由を尋ねても、「なんでもない」「ごめんなさい」といった言葉しか返ってきません。「怒ってるわけじゃないんだ。きっとさ、何か理由があったはずと思って」とさらに聞いてみると、「○○さ

んのノートを見たかった」とちゃんと理由があることを教えてくれました。一見、離席して授業に集中していないようでも、実はさなさんの「学びたい！」という思いからの行動だったのです。

もちろん、自分でもよくわかっていないケースもあります。そんなときは「友だちのノートを見たかった？　誰かと話したかった？」など可能性をこちらから提示することで、行動の理由を自分で認識できることもあります。一方で、自分の行動をうまく言語化できない子もいます。ただし、理由が違っていても**「とりあえず『うん』と言えばよい」という誤学習を防ぐことも大切**です。違うかもしれないと感じたときは必ず「違っていたらそう言ってね！　きみの本当の気持ちを知りたいと思っているから」とこちらの思いを伝えることもポイントです。

「授業中に立ち歩いている」という「見えている問題」だけで改善を求めても、「授業中は勝手に立ち歩きません！」という指導になってしまいます。「ふつうは授業中に立ち歩かない」という自分のものさし（価値観）で考えている

45分間静かに座っていることがみんなにとっての「ふつう」とは限らない

事例で、それが当たり前ととらえているマジョリティの感覚の典型です。**「授業中はちゃんと座るのがふつう」という価値基準を持つマジョリティは、その「ふつう」の枠に入っていない子に対して「周りの子と違う、なんか変」という感情を抱く可能性があります。ですから、立ち歩く子を見た周りの子は、正義感から「歩いちゃだめだよ!」と注意しがち**です。

「立ったらだめだよ!」「ちゃんと座って!」などの周囲の言葉は、言い方しだいで、本人にとってはアドバイスとも叱責とも受け止められます。時に、本人にとってのバリアともなるのです。もちろん、そのような周りの子の正義感からの言葉を否定する必要はありません。ただし、「いま、どうして注意してくれたの?」と注意する側の子に対しても、自分の思いを見つめられるような声がけも大切です。それによって、「だめだから!」としか言えない子もいれば、「ちゃんと座っていられるようになってほしいから」という思いを語れる子も出てきます。

教師の「ものさし」が教室と子どもの「ものさし」になる

そもそも子どもにとって、じっとしているのは大変なことです。つまらないときはすぐに顔や態度に表したり、動き回ったりするのも当然で、大人の思っているように行動はしてくれないものです。それもまた「ふつう」ではないでしょうか？　そう考えると、さなさんの「授業中に立ち歩いてしまう」行動は、「変だ」とも「当たり前だ」ともとらえることができるわけです。こういう子がいたとき、**「見えていない問題」に目を向けて「自分のものさしを問い直す」ことが大事**なのではないかと思います。

一斉指導の中では、「みんなと違う」という子が「困った存在」と思われることがあります。例えば、

《座っていられない子＝ふつうじゃない子＝変な子・ダメな子＝迷惑な子》

と認識されかねません。「みんなの迷惑になりえる」と思える場合にはその事実を伝えることも大切ですが、周りの子も「迷惑だ」と思ったら悪循環のスタートになります。**「ちゃんと座りなさい。みんなの迷惑でしょ」という教師の発言が、子どもたちのものさしをつくります。子どもも保護者も、「ちゃんと座っていなきゃだめ」と思い、「みんなと同じ」を求めるようになり、「教室のものさし」ができます。ものさししだいでは同調圧力へと変化し、生きづらさを感じる子が現れるのも事実**です。

「45分間座っていることは当たり前ではなく、とても頑張っていることなのかもしれな

い」という見方に気がつけることで、自分のものさしを問い直せます。「どうしたの？つらい？」など、「きみのことを知りたい」というメッセージを教師が発していれば、子どもたち自身が見えていない問題に目を向けるようになります。すると、

《座っていられない子＝何か理由がある子＝もしかしたら何か困っている子》

と、その子の行動の理由に思いを寄せる見方に変わっていくのです。

教師がよりその子に寄り添った指導へと変わっていけば、その姿勢が周りの子どもたちにも大きく影響を与えていくのです。

その積み重ねで、「手遊びばかりしてる子」にも「帰る支度が遅い子」にも、きっと理由があるのではないか？　という目を持てるようになります。**「足の速さも違う」「食べる速さも違う」「そもそも生まれた日も違うし、話せるようになった日も歩けるようになった日も違う」という事実とともに、「みんな同じじゃなくても大丈夫」というメッセージを教師が伝えることが、どの子にも安心を与えます。**

また、困っている子への配慮を「うらやましい」と思っている子も、ある意味で「困っている子」だととらえて、教師は双方の思いに寄り添う存在であると伝えていくことが、「みんなを大事にする」というメッセージになります。多様性を前提として、「みんながそろっているのが当たり前ではない」と再認識することで、教室での指導も変わってくるの

ではないかと思います。

同時に、このようにお伝えすると先生たちは不安に思うかもしれません。みんなが座らず勝手なことをしだしたら、学級のルールは乱れて荒れるのではないか、と。

実際、子どもたちの受け止め方も実に多様で、「みんな同じじゃなくてもいい＝自分勝手にしていい」と理解してしまう子や、**「あいつだけずるい」と思ってしまう子もいます。そういうとき、うらやましい気持ちの背景には何か見えていない問題が隠れているのかもしれません。こうした目を持てるようになると、二次障害（障害の特性を理解してもらえずに、周りから注意や非難などを受けることでさらに別の問題が生じること）の防止にもつながります。**

「どうしてそう思ったの？」と、周りの子の思いにも目を向けることが大切です。

自分のものさしをしなやかに変えていく

他者を大事にするふるまいと個々の思いのままに行動することのバランスは、失敗を繰り返しながらみんなで学んでいくのがポイントです。「多様性を認める」と言うのは簡単ですが、実際には、何度も話し合い理解し合うことが必要で、クラスの状況によっては難しい場合もあります。

しかし、「学校なんだから」「先生なんだから」「合理的配慮だから」など、当たり前のようにとらえては教師と保護者の間に溝をつくりかねません。**「ふつう」のぶつかり合いが、互いの批判につながってしまうのです。ですから、「ちゃんと指導してほしい」「家庭のしつけがなっていない」などの言葉はおすすめできません。**

子どもも大人も、自分のものさしを超えてわかり合うことはとても難しいです。特に、自分がいいと思っていることをしていない人を許せないのは、自然な感情でもあります。学校は、小さな社会です。これからの社会に種まきをするのは学校です。社会はすぐに変わりませんし、学校もすぐには変わらない。でも、それぞれのクラスであたたかな見方を広げていくことで、同じ見方ができる人が増えていく。そのような未来への種まきを、読者の皆さんとともにしていきたいのです。

どのように取り組んでいくことで、子どもも保護者も先生も、みんなが学校や社会で過ごしやすくなるのかを考えるのが本書のねらいです。その中で、その子（人）にとっての「バリア」をどう取り除いていくのか、その事例を私の担当の章ではお伝えしていきます。

わかり合うことは容易ではありませんが、「困った子」は「困っている子」であり、「お

うちの人や先生も困っているのかも」というように、自分のものさしを見直すことで、必ず乗り越えていけます。

ふぅーーっ
またアイツさぼってる
ずりーっ
タツキくんだってサボってるわけじゃないから
そんなふうに言わないでほしいな
うっ、うわ〜ん
どうせぼくは…ぼくは！
大丈夫だよみんなわかってくれるよ
だんっ
だんっ

キーンコーン…
——そんなことが…
悪気はないと思うんですけどね
ただ、支援員としてはどこまで言うべきか
でもその無意識や無理解が傷つけているんですよね
みんなにわかってもらうには…
クラスの子たちに正しく知ってもらうために
担任として指導してみます！
後日——

今日はみんなに考えてほしいことがあります
決めつけられると…
これについてみんなはどう思う?
嫌だ!
ちゃんと聞いて!って思う
じゃあ、
どんなときそう思う?
ケンカしたとき!
その服や髪形絶対似合うって言われるとき
「頑張ればできる!」とか…

もしかして
タツキは
さぼってた
わけじゃ
なかった…？
コクリ…
なにも
わかって
ないのに
決めつけて
ごめん…
ぽんっ
どんな場面でも
決めつけないで
相手の気持ちを
想像できると
ゴメンな…
いいよ
相手にもっと
優しくなれるはずだね

第6章
生きづらさの原因は身の回りにたくさんある

「ずるい！」「さぼってる！」という素直な思い

マンガでは、クールダウンしているタツキくんを見てずるいと言っている同級生の様子が描かれています。「本当は勉強しなければいけない時間なのに、教室にいないのはずるい！」「一人だけ特別扱いなのがうらやましい」といった本音なのかもしれません。

ここにも、「学校のバリア」が見えます。「時間どおりに教室に入って座るべき」という当たり前の意識です。それがクラスの中で暗黙のルールのように形成されると、やがてそれは「同調圧力」として強大な力に変わります。**頭では理解しても、心ではずるいと悪気なく思ってしまうこともあるでしょう。「ふつうはこうしないといけない」という思いが、「特性を理解しよう」という思いを邪魔してしまうことがある**のです。

「早く授業に戻るための指導も大事！」という意見もあることはわかります。だからこそ、

第6章　生きづらさの原因は身の回りにたくさんある

その子が学びたい気持ちを保てるようにし、早く戻れる自分なりのクールダウンの方法を身に付けるためのかかわりを大切にしたいです。その子のありのままにということは、指導を放棄することではないという点は、改めて述べておきます。

本来、教室で勉強することは、友だちと一緒に新たな気づきを得るとても楽しい機会のはずです。それなのに、**「教室に入れない子はずるいわけではなく、本当は学びたいのに困っている」という見方ができない人がいる**のです。ここに、いまの学校が抱える多くの問題が隠れているとも言えます。**表面的に見えている部分だけではなく、多様な特性やその事情に思い至り、決めつけないことが大事**です。そのうえで「どんな特性の子も同じ空間で等しく学ぶことができ、多様な考えを出し合う中で発見のある学びができる教室をつくる」ことは、これからの時代にはより求められます。

その考え方や言葉はもしかすると相手にとっては不本意な「決めつけ」かも

「決めつけ」を問い直してみる

「あいつだけずるい！」と発言があったときに「そんなことを言ってはいけません！」と諭しても、焼け石に水です。子どもは、その場しのぎの教師の言動に対して、余計に理不尽さを感じてしまいます。

このような事例では、「決めつけ」をキーワードに、周りの子どもたちへの気づきを促すようにしています。本人がつらい思いを吐露できれば、周りの子はその思いに気づき、寄り添えるかもしれません。しかし、つらさを抱えている子の中には、周囲を拒絶する反応をする子もいます。それに対して、周りが「せっかくあなたのために言ったのに……」と残念に思ってしまうことも少なくありません。ですが、それも含めて受け止められるようになることは大事です。「多様性を受け入れよう」と叫ばれる世の中だからこそ、日々の意識の切り替えが重要です。

決めつけてしまうとその子の困りごとの本質に気づけない可能性がある

NHK for School「u&i」は、「〇〇障害の人は」といった一般論やマニュアル的な答えの提示に終始しません。**一方的な優しさで他者に配慮せず、対話の重要性を訴え、常に**

「それは本人に聞いてみたほうがいいよね」というスタンスが貫かれています。

クラスに発達障害などの当事者の子どもがいる・いないにかかわらず、どんな相手に対しても、周りが気持ちをまず推し量ることから始められたら、優しさを伴った目を持てるようになっていきます。「u&i」で描かれる主人公たちが、**自分が相手のことを決めつけていたと気づき、相手とともによりよい方法を考えていくという互恵的な描き方が、子どもたちの生き方のモデルとなってほしい**と思い、私自身も番組を活用して授業の教材にしてきました。

視聴後は、子どもたちの感想を聞きながら、自分の中での気づきや今後大切にしたいことなどについて話し合います。このような経験の積み重ねが、バイアスによる無意識の決めつけへの気づきにつながっていきました。

日々の指導がバリアを生むことも

私が小学校で担任をしていたときのこと。4月、新しい学級の担任をすると、子どもたちの言動から、前の担任の〝カラー〟を感じることがありました。前年度のクラスの複数の文化（クラスのルールなど）が合わさって、新たなクラスの文化を子どもたちとつくっていくわけですが、昨年までの当たり前を変えることはなかなか難しいのです。

すばるくん（仮名・小学校3年生・自閉スペクトラム症の診断を受けている）の事例です。前年度の指導の結果、日直さんは全員の準備が整ってから号令をかけるため、ずっと彼を注意し続けていました。「少し時間がかかりそうな人がいるけれど、先に挨拶しようか」というファジーさ（柔軟さ・あいまいさ・しなやかさ）は全くありません。「すばるくん、手を止めてください！」といった意識が子どもたちの中にあるわけです。しだいに周囲から「すばる！　早くして！」「みんな待ってるんだから！」と怒ったような声が出てきます。

このようなちょっとしたシーンにも、生きづらさがあることをお伝えしたいのです。前の先生が悪いと言いたいわけではありません。ただ、**「みんな待っているからきちんとしよう」はある意味で正しい指導ですが、すばるくんにとっては注意される日常の連続**なのです。誰が日直でも、すばるくんばかりに注目しているので、他の子がちゃんとできていなくても真っ先に注意されるのはすばるくんなのです。子どもたちが「すばるくんはいつもちゃんとやらない」という目で見ているためです。「注意」が互いに高め合うための声がけならよいですが、必ずしもそうではないこともあるのです。

自分たちにとって迷惑な人？　それとも仲間？

「遅れてしまう子を指導する」のは、学校生活ではありふれた場面です。そのような状況での大人たちの一言は、想像以上に子どもたちのバイアスに影響を与えています。例えば皆さんは、次のAとBの声のかけ方が周りの子にどのような影響を与えると思いますか？

A「早く準備をしよう。他の人が待ってるよ」（教卓や教壇から様子を見つめる）

B「どうしたの？　何か困ってる？」（近くに行って寄り添う）

子育てでは「必ずこうしたらよい」という正解もマニュアルも存在しません。この話も同様で、ケースバイケースです。両方のニュアンスを組み合わせて伝えるときもあるので、一例としてお考えください。

Aのクラスでは、その子は「できていない子＝みんなを待たせて迷惑をかける子＝ダメな子」という認識が広がっていきます。子どもたちの中には、よかれと思って声をかけてくれる子もいますが、そのときの言葉には「私たちは正しいことを言っている！」「あなたはできていない！」という心情がにじみ、きつい言葉や口調になりがちです。

もちろん、**周りの子の学びを保障することも大切で、待たせないようにする指導とのバランスは重要**です。「早くしてね！　みんな待っているよ！」という言葉によって急ごうと頑張れる子もいますが、そうではない子も必ずいることをお伝えしたいのです。避けたいのは、その子が遅れそうだと想定できるはずなのに事前のサポートの声がけがなく、遅れてしまってから「早くしてね！」と伝えるケースです。**遅れる前にサポートすることで、遅れる状況をつくらず、さらに改善もできるかもしれないのに、それがないと、周りの子にとって迷惑な子に見える機会ばかり増えていってしまいます。**

Bも、遅れること自体はすぐに大きな改善はないかもしれません。しかし、先生が近くに行って寄り添うことで、「迷惑な子・困った子」ではなく、「困っている子」という印象を抱けるようになる可能性があります。**「だめだから注意する存在」ではなく、「サポートしたくなる仲間」として見てほしい**のです。すばるくんの場合も、そうしたかかわりを重

「知ろうとすること」が当事者も周りも心地よく過ごせる第一歩

ねるうちに、私が何もしなくても「すばる、やるよー」「すばる、遅れちゃうから早くや
ろ！」と、周りの子が先回りして声をかけられるようになっていきました。

ここで気をつけたいのは、クラス内の序列を生み出さないことです。「助ける子⇔助け
られる子」という関係が硬直化してしまうのは、お互いにとっていい関係とは限らないか
らです。

このように「早めに声をかけたらうまくいった」と先生も子どもも思えたら、「迷惑な
子」という印象は持たなくなっていきます。仲間の一人として、誰もが当たり前に自発的
にその子のことを思い至れるようになればよいのです。まずは**ともに生きる仲間として互
いに支え合える感覚を持つようになる**のではないかと思うのです。

学校は集団行動が中心のため、遅れている子のペースにいつも合わせられるわけではあ
りません。現実問題として、担任一人で35人くらいの子どもを指導していることが多く、
だからこそ、**先生一人だけで当事者を助けるのではなく、先生がまずモデルを示して、ク
ラスの子どもたちが先生の言動をまねて、その子のありのままを受け止められるようにし
ていくことが大切**なのです。

実際、幼児期から身近に発達障害の子がいて育った子どもたちは、その存在や言動を当
たり前に受け止め、自然にバリアを減らす言動ができています。本人たちは手助けをして

いる意識すらないかもしれません。それを小学校・中学校でも続け、ともに学ぶことが重要なのです。世界では、特別支援教育を通常の学級と分けず一緒に学んでいる学校が多数あります。日本でも、かかわり合いの中で互いを理解する機会を重視していくことが求められます。

伝わるようで伝わらない＝みんなの「ふつう」を見直すチャンス

その後、すばるくんは、授業の準備として「ノートと教科書、鉛筆と消しゴムを机の上に出す」という、明文化されていないクラスの暗黙のルールがよくわかっていなかったことや、ランドセルの中の何冊ものノートがどの教科のものかがわからないなど、複数の要因で困っていることがわかりました。準備しなきゃと焦っても何をしたらよいかわからず、そもそも指示を聞き落としてみんなが待っていることにも気づかないときもあったのです。

そんなとき、「準備するものを黒板に明記する」「何の教科のノートかわかるように大きく教科名を書く」「『すばるくん、大事なことを言うよ！』とこちらに注意を向けさせてから指示をする」などの支援で一つ一つクリアしていき、準備ができるようになっていきました。その結果、すばるくんにとって困りにくい環境をつくっていけたのです。
「配慮の必要な子がいる＝指導が大変」ではなく、自分の指導の幅が広がると意識できれば、教師にとっても有意義なはずです。それは、保護者の方にとっても同じはずです。子育ては、教師育て、大人育てなのかもしれません。

子どもたちに指示するときは、口だけで伝えるよりも書いたり、図で示したり、モニターに実物の画像を映したりしたほうがより伝わります。もしも、「ふつうは言葉だけでもわかるよね？」なんて言ってしまったら、それを聞いている子どもたちはどう育っていくでしょうか。きっと、「ふつうはさ……」という言葉をよく発する子になっていってしまうのだと思います。

違和感を覚える場面が学校にはたくさんある

廊下に並ぶ、列のまま教室を移動する、プリントをファイリングする……多くの子が当たり前にやっているどんな行動でも、苦手を感じる子はいるのです。そのため教師は、そういうときの「あれ？」という違和感に敏感になり、「ふつうって何だろう？」「本当にふつうなのかな？」の感覚を子どもたちと一緒に考えていくべきです。**無意識のうちにマジョリティに有利な指導になってしまっていることがたくさんある**のです。

いろはさん（仮名・小学校2年生・ADHD傾向で後に診断があり）は、廊下に並ぶときいつも遅れていました。「前の学年ではどうだったの？」とクラスメイトたちに聞くと、「1年生のときからずっとあんな感じだよ。先生が注意してもだめなら、支援員さんが連れてきてた」と教えてくれました。子どもたちの雰囲気から察するに、「いろはさんは廊下に並べない子」という認識を持っているものの、それが決して優しい眼差《まなざ》しではありませんでした。「言っても無駄」「支援員さんに任せておけばいい」という視線です。

「みんな違ってみんないい」と言われながらも、「みんなに迷惑がかからないように」「みんなに合わせて」など集団の秩序が押し付けられる中では、「みんなと違う＝ダメ」というバイアスを持ってしまう場合がたくさんあります。

学校は集団での生活が基本のためなんでもありとはいかず、みんなのことを考えるのも大事です。しかし、**聞こえのいいその言葉は、いわゆる「マジョリティ（他の大勢）を考える」という意味で使われることが多いのも事実です。そうではなく、みんな（一人一人すべての子）のことを考えるのであれば、そこに困っている子も含まれるべき**です。「大勢のことを考えましょう」という意味に陥りがちな事実を教師も子どもも保護者も意識したいところです。

目に見えないバリアに気づけるか

学校の中にあるバリアは、子どもたちには見えにくいケースが多数です。だからこそ、例えば「u&i」のような映像による情報を活用しながら、当事者の感じ方や思いに触れるのはとても大きな意味があります。こうした経験の積み重ねによって、**「相手の立場になってみる」「何か困っている原因があるのかもしれない」など、目には見えていない周りの子の困りごとの背景を考えられるようになっていく**のです。私は、見えていないことに目を向けられる人を育てていきたいと思い、いつも指導しています。

バリアに気づくということは、自分とは違う人がいるということに気づくことが基盤になります。子どもたちがそ

目に見えないところにこそ、本人の思いがさまざまに隠れている

れに気づくためには、人によって発達のスピードや得意・不得意はさまざまであり、違うのが当たり前であるという大前提を納得できることが必要なのです。

私の担任してきたクラスでは、こんな話をすることがありました。

「そもそもみんな生まれた日が違っている。立てるようになった日も、話せるようになった日もみんな違う。『いつから箸が持てるようになった！』『いつから三輪車に乗れた』って自慢をする人はいないよね。早くできたからといって、何の自慢にもならないのです。

でも、学校というところは不思議でね。同じ日に漢字が書けるようになったり、跳び箱を跳べるようになったりするのが当たり前だと思われている。でも、今日できる人もいれば、来週できるようになる人もいれば、来年の人もいる。食べ物も遊びも服もそうだけど、みんな好きや嫌いがあるよね。得意も不得意も違うはずなのに、不思議だね。他人と比べて九九を早く覚えられた人がすごいわけではないよね。自分にとって前の自分より成長したらそれがすごい。他の人と比べることなんかないんだよ」

こう話すと、頷く子もいれば、腑《ふ》に落ちていない子もいます。特に、塾や習いごとで他の子よりも先にできていることに喜びや優越感を感じてきた子にとっては、あまりうれしい話ではありません。そのような感覚を持っているのはその子が悪いわけではありません。その周りの大人も、きっと人と比べられてきて、それを同じように自分の子どもに伝えてしまっているからなのだと思います。このような前提を受け止めていくことが、マジョリティの無意識のバイアスを減らしていくことにつながります。

引き算で見るか？　足し算で見るか？

「みんなと比べる、他人と比べる」。これを私は「引き算の見方」と言っています。ときに優位に働くこともあるでしょうけれども、いろいろな場面において優位が続くわけではありません。「他の人よりできない」と自信を失ったり、嫌いになったりすることもあるのです。

これは発達障害の子でも同じはずです。特にLD傾向の子にとっては、周りと比べられるのはとてもつらいことです。「みんなは九九がもう覚えられたのに……」とできない自分が嫌になってしまい、余計に勉強に気が向かなくなってしまうのです。

引き算の見方は差を明らかにしようとします。優劣をつけるのです。そして、「Bくんはできて、Cさんはできていない」という評価をしてしまいます。

第2章では伊那小学校の例がありましたが、例えばデンマークでは、義務教育の8年生（15歳）まで評価はされません。小テストなどで理解度の確認はあってもそれで子どもを評価するのではなく、その子をどうサポートするかの目的で活用しているのだそうです。私が2023年夏にデンマークを訪れた際、学校の先生にお話をうかがったところ、「そもそも教師が、人を評価できるわけないでしょ。そして、それを誰が求めているの？」とおっしゃいました。

「評価をする・優劣をつけるのが当たり前」という大人たちの無意識の常識も、子どもたちの生きづらさの原因になります。身の回りにたくさんあるそれを立ち止まって考えられると、子どもだけでなく大人の社会も過ごしやすくなっていくかもしれません。

また、上手な指導者ほど、足し算の見方ができるように声をかけていると言われています。野球やサッカー、水泳などのスポーツ系の習いごとでも、習字やピアノなどの文化系の習いごとでも同じです。発達障害の子とのかかわりの中でも、こうしたコーチングの視点も持ちながら、他人と比べるのではなく、その子の成長に目を向けられるようになることが必要です。

そもそも発達障害の有無によらず、成長のスピードは人それぞれで、できるようになる時期もその度合いもバラバラなのが当たり前なのです。それにもかかわらずいまこのときだけを見て評価をすると、他者との比較になり、引き算の見方になってしまいます。昨日の自分より今日の自分。今日の自分より明日の自分。そのように足し算をしていく見方ができれば、もっと幸せなのではないでしょうか。

障害の有無ではなく、その子自身の成長に着目する「足し算の見方」を、子どもも大人もできるようになってほしいと思います。

4月
家庭訪問――
1年間よろしくお願いします！
こちらこそお願いします
ミサキさんへの配慮は前任から引き継いでいます周りに合わせて
過ごせるようにします
ありがとうございますただ、ミサキは周りに合わせるのがちょっと…

しっかり指導すれば協調性も身につきます
大丈夫ですよ
無理にみんなと同じようにさせなくてもいいのでそれよりも楽しくミサキには通学してもらえたら…
ミサキさんは座ってようと頑張ってますしダメなものはダメと指導していきます
本人はじっとしているのが本当は相当つらいんですですからその配慮を…
慣れるまでは少し大変かもしれませんが
訓練しましょう！任せてください！

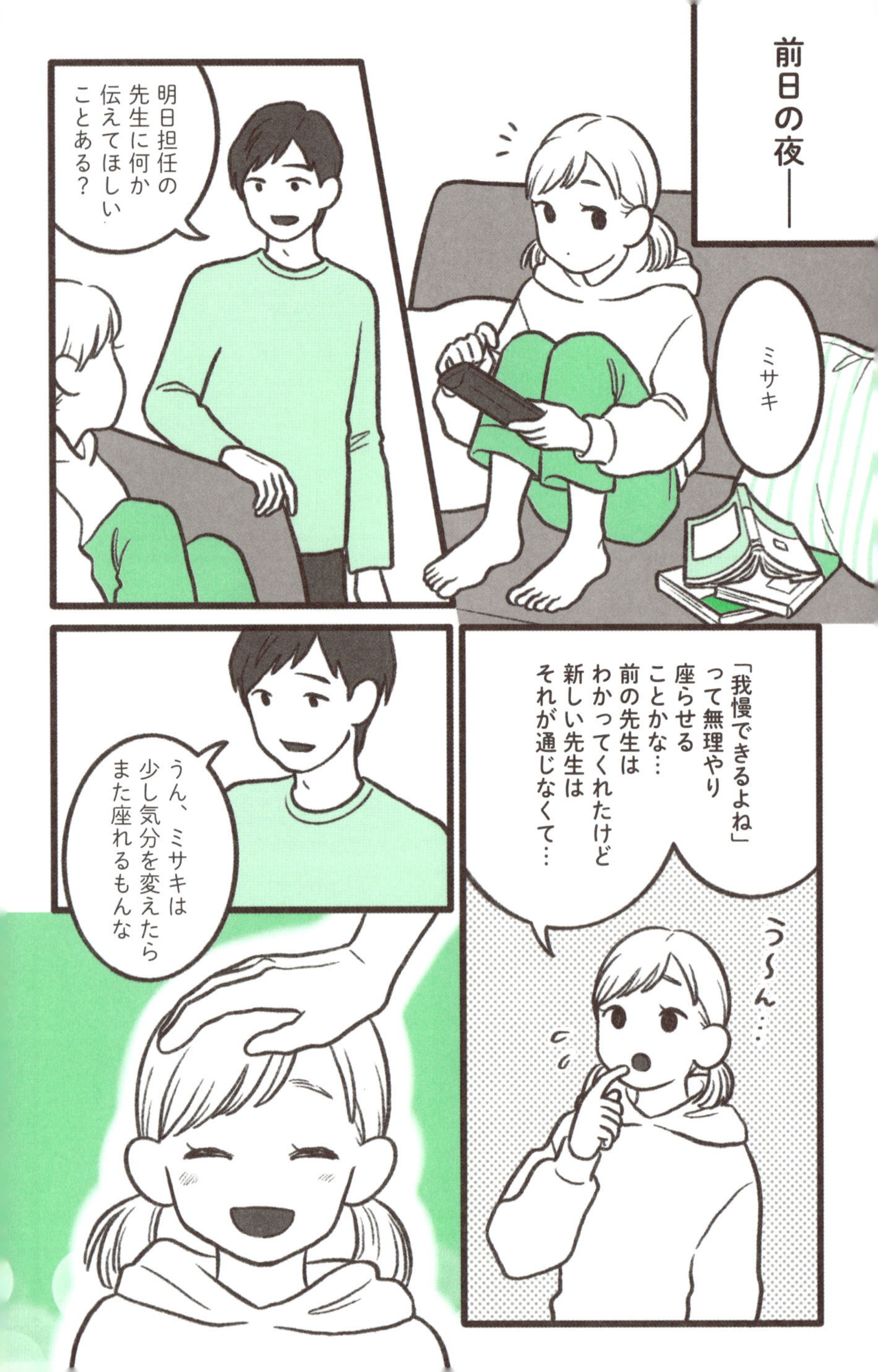
前日の夜――

ミサキ
明日担任の先生に何か伝えてほしいことある？

「我慢できるよね」って無理やり座らせることかな…前の先生はわかってくれたけど新しい先生はそれが通じなくて…

う～ん…

うん、ミサキは少し気分を変えたらまた座れるもんな

熱心な指導はありがたいのですが
ミサキは集中力が続かず何か他が気になるとおのずと体が動いてしまうときがあります
ですが、うまくいかないときにミサキは自分なりのクールダウン法で落ち着けるようになってきたんです
でもそれだと周りの子たちもまねをしますし
ミサキさんの将来にとっても…
困ったなぁ…
う〜ん…

第7章

協調性と多様性の間の溝を埋めるには

協調性と多様性の間で揺れる、保護者と教師の心

「担任の先生の思いもわかるのだけれども……」と思った経験のある保護者もいらっしゃるのではないでしょうか。**発達障害の特性を理解して配慮してほしいという保護者の願いと、どの子にもよりよい学校生活を送らせたいという先生の思い。両者とも子どものことを思っているはずなのに、なぜか具体的な指導場面になるとずれてしまう**……。マンガでも、双方の思いや願いがずれてしまっています。

これは、日常的に抱えている教室での問題が原因と言えます。集団教育の場である教室では、周りの人とうまく過ごすことができるのかが重視されがちです。マジョリティの当たり前がルールとなっている教室の環境で、多動傾向で授業中に立ち歩いたり、大声を発したり、衝動的な行動をしたりすると、周りの子にとっては学習の邪魔をしているように

も見えてしまいます。すると、保護者から「最近クラスが落ち着いていないようですが、大丈夫なんでしょうか？」という声が届いたりします。先生たちの間でも、そういう声が聞こえてくるときさえあるのです。

そのため、先生たちはいわゆる「協調性」を重視する傾向があり、みんなと一緒の行動を求めることが多くなります。これは、他の人の学びを邪魔しないことや、みんなが安心して授業が受けられることを大切にしたいという思いの表れでもあります。ゆえに、**本人のためにと思って、「きちんと授業を受けられるようにしよう」と指導しがちです。それ自体は全くの善意ですが、そのとき、当事者である発達障害の子の気持ちや実態はどうなのか、それへの留意が必要**です。

一方、多様性を重視し、発達障害の子を配慮しようと思っても、教室で先生ができることには限界があります。また、学校という集団教育の中で、一人だけ特例を認めることに抵抗がある先生や学校がいまだに存在するのも事実です。ありのままに多様性を大切にしたいという思いがありながらも、学校での協調性が欠けると相当大変な現実もあります。環境を変えるにも、時間がかかるときもあるのです。

実際のケースを交えながら、発達障害やそれ以外の特性のある子、またはそうでない子にとって、それぞれの学校での過ごし方の最善を一緒に考えてみましょう。

発達障害だとしても授業の邪魔をするのは……

コウくん（仮名）は、小学校2年生の男の子。ADHDの診断を受けていますが、保護者の希望で周囲に公表はしていません。1年生のときに立ち歩きや暴力などのトラブルがあったため、クラスの友だちやその保護者から「あの子がクラスをぐちゃぐちゃにしている」という声がありました。それによる二次障害で本人もますます苦しんでいる状況でした。

新年度で私が担任になった最初の参観日。コウくんはかなり頑張って授業を受けましたが、やっぱり立ち歩いてしまいました。ちなみに、**そもそもは座っているということを頑張らねばならない授業に問題がある**のです。その後、わからないときは友だちと話してもOK！　と机の配置を変えたり、語り合うような学習を取り入れたりしていくことで、コウくんが目立つことは減っていきました。

さて、その授業参観のあとの懇談会に話を戻します。前年度も同じクラスだったある保護者が「発達障害なのかどうかはわかりませんけど、授業を邪魔していいわけではないですよね。みんな昨年ずっと我慢していたんです」とおっしゃいました。コウくんの行動を見たり、自分のお子さんから日々の様子を聞いたりしていくうちに発達障害であるというイメージを持たれていたのかもしれません。

私は「発達障害かどうかではなく、周りの子のことをきちんと考えながら、どの子も楽しく学べるように工夫していきますので、もう少し時間をください」と答えるのが精いっぱいでした。すべての方が納得したわけではないと思いますが、保護者の皆さんには、長い目で一人一人の成長を見守ることを大事にしていただきたかったのです。

1年生のときのコウくんは、立ち歩いて友だちのところへ行くだけではなく、他人のノートに落書きをしたり、プリントを破いたりと、友だちの学びを邪魔する行動をとってしまい、周りの子からも嫌がられていたのです。そのため、教師がいくら「みんな仲よく」と言っても、周囲には納得できない雰囲気がありました。「どうしてコウくんは特別学級（特別支援学級）じゃないんですか？」という保護者の声も聞こえてくるわけです。

そのような声に、「これからは多様性が大切にされる時代です。いろいろな苦手がある子がいます。それは障害のあるなしではなく、その子らしさとも言えます。ですから、理解し合い、お互いが相手に優しくできるようになることを大切にしたい」と理解を求めてきました。日々の出来事を学級通信で伝え、参観日や懇談会では子どもたちが友だちを大切にしている姿を伝えるなどしてきました。

さて、「どうして特別学級ではないのか？」と質問した保護者は、どのような思いだったのでしょうか？　多様性や発達障害に理解がないという次元の話ではなく、事実として嫌な体験があったわけです。担任が理想を子どもたちに語っても、嫌な経験を積み重ねてきていては、お互いにとってつらい状況です。もちろんそれは、周りの子だけではなく、当事者である発達障害の子も同様です。**嫌なことを言われたり、冷たい目で見られたり、一生懸命に頑張っていることを認めてもらえなかったりなどが続くこともたくさんあります。そういう環境自体が、本人にとっての障壁のひとつ**なのかもしれないのです。

公表したくない背景にも思いを寄せる

お子さんが発達障害の診断を受けても、診断結果を受け止められなかったり、周りの目が気になって公表できなかったりする保護者もいらっしゃいます。他方で、「受け止められないこと」「公表しないこと」をだめなものとして感じている人もいます。

制度上、教育委員会や関係機関へ届け出るなどの手続きをしなければ、支援員やサポーターの支援を受けにくいという問題もあり、公表できないことで生じるデメリットもあります。ですが、公表、非公表にかかわらず、「どの子にも苦手なものがある」というスタンスで、指導していくことはできます。

公表していないときによく起きるのは、トラブルがあったときに「〇年生にもなってありえないですよね」「ふつうはそんなことしない！」などとクラスの保護者に言われてしまうことです。その人にとっての「ふつう」が適切ではない場合もありますが、特性によるものだと相手に理解を得られないこともあります。

逆に、公表していることで、その子の特性を伝え、周りに理解してもらえる可能性があります。もちろん、公表すべきとは一概には言えません。**保護者の願いを大切にしながら、言えない背景や不安にも寄り添う学校であるべきです。保護者や教師の都合ではなく、「子どもファースト」でメリットとデメリットを整理し、本人の成長や幸せを第一に考えていくことを忘れないようにしましょう。**

障害や特性を学校と共有して理解が得られれば、本人が過ごしやすくなるメリットも

協調性はそんなに大事？

授業中に立ち歩く子に対してやめるよう指導していないと、「あの先生は力がないからクラスをまとめられない」などと言われてしまうことがあります。それゆえ、とにかくクラスを落ち着かせたいという焦りが先行し、「きちんと座って授業を受けられない子はダメな子で、座っているのが嫌でも我慢できる子がいい子」と考える先生もいます。このような思いは先生だけではなく、クラスの子どもや保護者も持つときがあるのです。読者の皆さんも、そう感じたことはこれまでになかったでしょうか？

コウくんの行動には必ず何か理由があります。彼のADHDの特性と思われがちですが、意図的なものではありません。ですから、まず「わざとじゃない」ということや、何か別のところに理由があったということを、周りの子が理解できるようにする必要があります。周りから見たらコウくんが困った子でも、実際には彼自身も困っているのです。

彼にとってのバリアをなくしていくことに目を向けるのは言うまでもありませんが、すぐにコウくんの困っていることを取り除けるとは限りません。そのため、どこまでコウくんの行動をみんなが納得できるのか、「この行動だけは避けよう」というラインを調整しながら、SST（ソーシャルスキルトレーニング）なども取り入れたりすることが、コウくんと他の子がともに学び続けられる、過ごしやすい環境づくりにつながります。

このとき、「周りが我慢すべき・してあげるべき」という言い方を避けるのも大切です。対等な立場で向き合うことを伝え、お互いを受け入れていくことが重要なのです。

コウくん（マイノリティ）がみんな（マジョリティ）に合わせることも協調性だと思われがちです。しかしコウくんを含めて、誰もがいろいろな人に合わせることも協調性です。

本来、協調性には互いに許容し、折り合うことができる「しなやかさ」が大切です。子どもたちが支え合い、ともに尊重して包み込むような学習環境をつくっていくことが、いまの教室では求められています。それはこれからの社会でも同様です。

行動の背景を見つめてほしい

「ADHD傾向だから」という理解だけでは、具体的な支援の手だてを考えることはできません。だからこそ、本人が落ち着いているときに対話を何度もしながら、その思いを引き出していくことが大切で、それが周りの理解にもつながります。私がコウくんにプリントを破った理由を初めて質問したとき、コウくんは逃げようとしました。「怒りたくて聞いているわけじゃないからさ。先生はきみの味方。だから、一緒に作戦を考えたいんだ。だから、少しだけお話聞かせてよ」と伝えると、話に応じてくれました。このときわかったのは、「本当はそんなことはしたくないこと」「できないときに他の人を邪魔しちゃうこと」でした。

発達障害の子の中には、先生や大人は自分の味方だと思っていない子も多くいます。それは、いつも怒る存在だったり、したいことを制限してくる存在だったりするからです。そのため、先生の話を聞くという前提にある「この人（先生）の話は聞いたほうが自分にとってはよいはず」と、そもそも思えていないときもあるのです。

私は「きみが好きだから」「きみともっと仲よくなりたいから」という思いをあえて口に出して伝えるようにしています。**発達障害のある子の場合、言わなくても察する、行間を読むことが苦手な子も多くいます。だからこそあえて明言して、大好きな存在であり味方であることをしっかり相手に伝えるのが大切**なのです。

言葉や行動で自分の考えなどを表すのが苦手な子も

保護者の中には、子育ての過程で「こういうときにこうすると対話できるコツ」をつかんでいる方もいらっしゃいます。そんなコツも先生と共有していただきたいのです。保護者と先生が手を取り合い、子どもの思いを引き出す。そのうえで、ニーズに基づいた対応をすればともに支えるパートナーになっていけます。

どうしたら本人の思いを引き出せるのか、それぞれの立場からの知恵の共有も大切です。

邪魔をしたいけど、邪魔はしたくない

「自分ができないのが嫌だから、他の人を邪魔したくなった。でも本当は邪魔したくない」。このジレンマ、大人なら理解できても、子どもには理解できないかもしれません。

例えば、教師の「邪魔したらダメでしょ」という言葉に、コウくんが「べつにいいじゃん！」と返す会話を周りの子が聞くと、「コウくんは嫌な子」という印象を与え、ボタンの掛け違いが広まっていきます。

そもそもは、「できない」を解決するアプローチが必要なのです。そして、**自分ができないときの適切な対処法を知らないか、知っていてもできないという状況であることが問題なのであって、その状況が本人にとってのバリアかもしれないという視点を持って、適**

切にアプローチしていくことが重要です。このような場合には本人が悪いと思われがちですが、それは一般に暗黙の了解であったとしても、コウくんにとっては、必要なサポートが受けられなかったというこれまでの環境に問題があったのかもしれません。ですから、その子の言動の背景を周りの子が意識できるようにする機会にしていくべきです。

しばらくしてコウくんの了解を得て、みんなにコウくんの気持ちを伝える時間を設けました。ここで大切なのは、教師（大人）も子どもも「その子の立場になってみること」です。しかし、それだけでは「先生は〇〇くんの味方ばかりして、こっちのことはわかってくれない！」といった反発を招きかねません。**周りの子の言い分にも耳を傾けた対話がポイント**です。第3章で野口さんが伝えていたように、「子どもの権利」はどの子にもあります。みんなが思いを表明し、互いを尊重できるようにするのが重要です。ここでも本人の承諾なしに強制することは絶対に避けなければいけません。

コウくんとの事前の相談の結果、私がまず話すことになりました。「本当はね、コウくんはみんなの邪魔はしたくないんだって」とみんなに話すと、「嘘《うそ》だ！」と何人かが反応しました。一度よくない印象を抱くと、回復するのは大変です。

「確かに、そう思うのもわかるよ。ちょっとだけ聞いてくれる？　コウくんは、本当は邪魔するのはダメだってわかっていたんだけど、自分ができないときに自分だけできないっていうのがとっても嫌だったんだって。みんなも自分だけできないのは嫌じゃない？」

そのように問いかけると、「それは嫌だ！」と、他の子も共感してくれました。「だからといって、プリントを破っていいわけじゃないよね。だから、先生が一緒になってコウくんを助けるようにしてきたら、そういう出来事が減ってきたでしょ？」と言うと、「なんだ、八つ当たりだったのかぁ」という言葉が聞こえてきました。

子どもたちは「八つ当たり」という言葉で、コウくんの行動を理解しようとしていたのです。「もう八つ当たりしないでね」と言う子もいて、周りの子たちがボタンの掛け違いに気づき始めた瞬間でした。**こういう腑に落ちる理解が、多様性を受け止める第一歩**になります。ただ周りに合わせる「マジョリティに合わせる協調性」ではなく、**周りの子が発達障害の子を含めて多様な子がいることを前提に、みんなにとって過ごしやすい学校をつくっていこうとする「協調性」が大事にされる教育**が、今後は求められると思うのです。

個人面談は互いを責める場ではなく、仲間づくりの場

個人面談で「これまでお子さんの発達について何か言われたことはありませんか？」と

質問されて、驚いたり、傷ついたりした保護者もいらっしゃるのではないでしょうか。

私も担任として、そのようなお話をさせていただいた経験があります。ここで見極めていただきたいのは、担任の質問の背景にあるのは「その子をどうにかして支援していきたい」のか、「できない理由をその子の特性に押し付けたい」のか、どちらなのかということです。決して「しかたがないですね。あの子は○○で発達障害だから」と、その子にラベルを貼ってさじを投げるようなことがあってはいけません。

左記はひまりさん（仮名・小学校3年生）のお母さんとの面談での話です。

「ひまりさんは一生懸命頑張っています。しかし、どうしてもできないときがある。でも、本人のせいではない気がするんです。お母さんの子育てのせいでもない。もしかすると、ひまりさんはそういう苦手や特性を持っていて、十分に頑張っているのだけれど、苦しんでいるんじゃないかと思うのです。お母さんもお困りじゃないですか？」

するとお母さんは、「前から……」と悩みを話してくれました。お母さんが抱えている悩みを聞き、「本人が何に困っていて、どういうかかわりをしたら困らなくなるか、専門家からアドバイスをもらって一緒に頑張りませんか？」と伝えました。**本人のせいというよりも、環境をどのように変えていけるのか一緒に考えたいというスタンスが重要**です。

私は、先生と保護者が仲間になれるようにしたかったのです。互いに同じ方向を向けたら、その後のその子の学校生活はかなり前進します。学校の取り組みを伝えながら、短期的な目標と長期的な目標を共有し、その子のよさを一緒に感じて、ともに褒めることで、本人が成長を感じられるようになるからです。「発達に原因があるのではないか？」と話す先生の意図は、保護者の子育てや本人の怠慢を指摘したいのではなく、「何か困っているのではないか」という投げかけととらえていただくと、よい方向に向かうはずです。

学校と保護者が敵対しても誰も得をしない

「あの家は、お姉ちゃんも発達障害の傾向があったけど、お父さんが絶対に否定して教育相談すら受けられないから無理だよ。でも、何もわからないまま、ただ教室にいてもかわいそうだね……」

このような会話が職員室で聞こえてくるときがありました。残念な事例ですが、しばしば目にしてきました。その子のためを思って保護者に働きかけたものの、学校からのサポートの提案が全く受け入れられず、むしろ先生が悪く言われてしまうケースです。

上のきょうだいのときに家庭の理解を得られず、逆にクレームを受けてしまったため、学校は本人のために教育相談などを提案したくても言い出せないこともあります。一方、保護者側にとっては、「学校の指導が悪いのにうちの子のせいにされる」と不信感が増し、学校の提案を素直に受け取ってもらえないのです。この**ボタンの掛け違いを直すのはかなり難しく、敵対している状況では本人が適切な支援や指導を受けられないことが大半**です。

そこで、**互いを攻撃し合うのではなく、パートナーとなる必要があります**。そのために大切にしたいのは互いの悩みを受け止めることであって、「学校ではこんなトラブルがありました」「家ではそんなことしません。学校が悪いのでは?」と言い合っては元も子もありません。それは、お互いが見ている子どもの姿が違うために起こるボタンの掛け違いです。集団行動の必要がなく、教室よりも自分のペースで過ごせる家庭と学校での姿が違うのは当たり前です。これではお互い責められているように感じることでしょう。

互いの環境や状況を踏まえ、うまくいっている側がコツを、うまくいかない側は要因をそれぞれシェアする関係を築いていくとよいでしょう。また、お互いが同じ方向を向いて、子どもにとって目指す理想の姿を共有することも求めたいです。それにより、家庭と学校

保護者と先生が互いに一方通行にならないコミュニケーションが大切

のどのような環境の違いが、本人の行動の違いに影響しているかが見えるはずです。

特別支援学級や通級指導教室に行けば解決？

「特別支援学級の対象なのに、通常学級にいるのはおかしい」という意見もよくあります。

これはケースによってさまざまな考え方があり、実際に子どもの通う学校において、その子に十分なサポートができる状況かどうかを含めて考えるべきです。

「個別なサポートを相当要する」「衝動的で周りが嫌がる行動をしてしまう」という場合は、サポートなしでの通常学級は厳しいでしょう。何より、それで苦しむのは大人ではなく、本人や周りの子どもたちです。発達障害の診断があり、本人がつらそうでも、「うちの子は何も問題ない」とおっしゃるご家庭もあります。ですが、**子どもにとって大切な時間はどんどん過ぎていってしまいます。大人が子どものバリアになることは避けるべきです。**

もちろん、発達障害の子が通常学級でトラブルを抱えていたり、十分に学習を理解できなかったりするからといって、「特別支援学級に行けば解決！」ではありません。特別支援学級では通常学級よりも手厚いサポート体制があり、個別指導が必要なケースでは現状の国の特別支援教育の制度が機能するのも事実です。自治体によっては、通常学級に在籍しながら、通級指導教室でサポートを受けるという仕組みも活用できます。重要なのは、特別支援学級で先生との個別指導で力をつけながら、通常学級でともに学ぶためにはどういう環境を用意できればよいのかを、一緒に子どもファーストで考えることです。

また、支援員の仕組みを整えていくなど、学校と保護者が連携して自治体に働きかけていくことも、ときには必要です。ですから、**保護者の「先生がしっかり指導してください」という学校任せの姿勢や、学校の「家庭でもしっかり言い聞かせてください」という突き放すような物言いでは、双方の間に溝ができてしまいます**。

私の勤務していた自治体では、学びのサポーター制度がありました。通常学級での学びのサポートをしてくれる人が学校に2名いて、サポーターが必要な時間帯に教室に来てもらうような校内体制を整える仕組みでした。学校や教育委員会などの関係機関と相談をしながら、サポート体制の充実について自治体に働きかけることもできます。

保護者にとって学校や先生は子育てのパートナーです。SNSが普及して、手軽に他の市町村の情報を得ることもできます。ときに「自分の町の当たり前」を問い直すことも必要です。関係する大人が協力し合い、好事例を参考にして子どもたちのための環境改善を求めていきましょう。

先生の「大丈夫」は、本当に大丈夫？

子どものことでの心配や悩みを面談で打ち明けてみたら、「大丈夫ですよ」とあっけない反応をされ、もやもやしたことはないでしょうか？　マンガにもあったこの「大丈夫ですよ」は、「本当に大丈夫？」と不安になることもあれば、安心につながることもあります。その言葉の真意と対話の重要性について、事例をもとに考えてみましょう。

「授業の邪魔はしない。計算はできている。文章問題はできないけど、他にもそういう子はいますから」。前述の言葉は、私が担当したたかしくん（仮名・小学校高学年）の前の担任のものです。私はこれを〝大丈夫詐欺〟と呼んでいます。実際、たかしくんはLD傾向があり、算数の問題では設問に出てきた数字を機械的に計算式にあてはめているだけで、問題の意味はほとんど理解できていませんでした。そのため、出題のされ方が少し変わっただけで手も足も出ないことがよくありました。

たかしくんのお母さんに話を聞くと、「普段のテストはできるんですけれど、すぐ忘れちゃうみたいなんです。うちの子勉強が嫌いで、家でも全くしないんです。前の先生も学力テストは慣れていないから難しい子もいると言っていました」とおっしゃっていました。

私には、お母さんが頭の片隅では不安を抱えながらも、テストで困らないように日々必死に教えて、「大丈夫」と自分に言い聞かせているようにも見えました。

たかしくんは、5年生になって学校で実施された知能検査で、いわゆる「グレーゾーン」の数値でした。実際に、学校では本人が困る場面が多く見られていたため、特別支援コーディネーターやスクールカウンセラー、サポーターとも話し合い、教育相談を提案することになりました。

大事にしたのは、**「お母さん自身が子育てに対する不安や悩みを周囲に言えるようにする」「たかしくんはさぼっているのではなく、一生懸命やっていて実はつらい思いをしている状況に気づいてもらう」**ことでした。つまり、親子ともに「困っている」のは決して悪いことでも隠すことでもない、と安心感を持ってもらいたかったのです。

トラブルを防ぐため、先生の「大丈夫」の真意や根拠を確認するのも大切

勉強で遅れないようにいつも親子で頑張っている姿を認める一方、学年が上がるにつれて限界に近付いていることをお母さんと共有しました。そのうえで専門家のアドバイスをもらいながら、よりよい大人のかかわりをできるようにしたいと提案しました。**ポイント**

は、「相談に行ってください」ではなく、「私も一緒にサポートしたいから専門家のアドバイスが私もほしい」と、一緒にたかしくんを育てる仲間として伝えている点です。

その後、お母さんの理解を得られ、たかしくんは夏休み中に教育相談や発達検査などをひととおり受けました。そのとき、「うちの子、頑張っていたんですね。もっと早く検査を受けたかったです。うちの夫も同じかもしれなくて、『おれも小学校のときはそうだった。子どもなんてそういうもんだから』と言っていたんです」と、涙を流しながら事情を話してくださったお母さんの姿が忘れられません。さらには、発達障害を疑って密かに本などで調べていたこと、でも、夫に「家でしっかりやらせたら大丈夫」と言われてお母さん自身も頑張ってこられたことなども、打ち明けてくれました。

教師の「大丈夫」の影響の大きさを、大変考えさせられた事例です。

6年2組
みなさーん
学習発表会の劇の台本が
完成しました!
何役?
わい
たのしみ!
わい
明日は役や係を決めます何をやりたいか考えてきてね
はーーい!
はぁ…

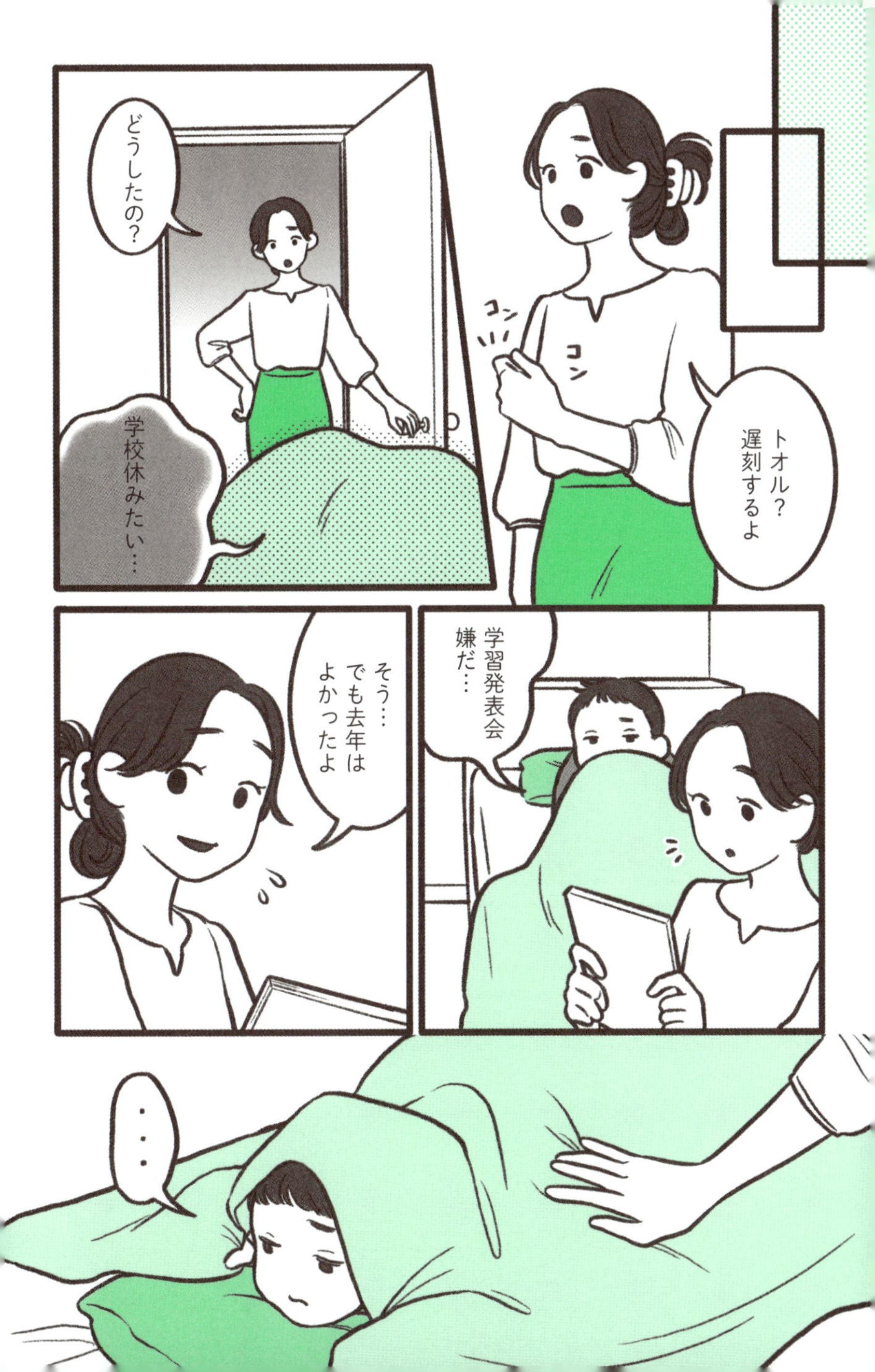
トオル？遅刻するよ
コンコン
どうしたの？
学校休みたい…
学習発表会嫌だ…
そう…でも去年はよかったよ
…

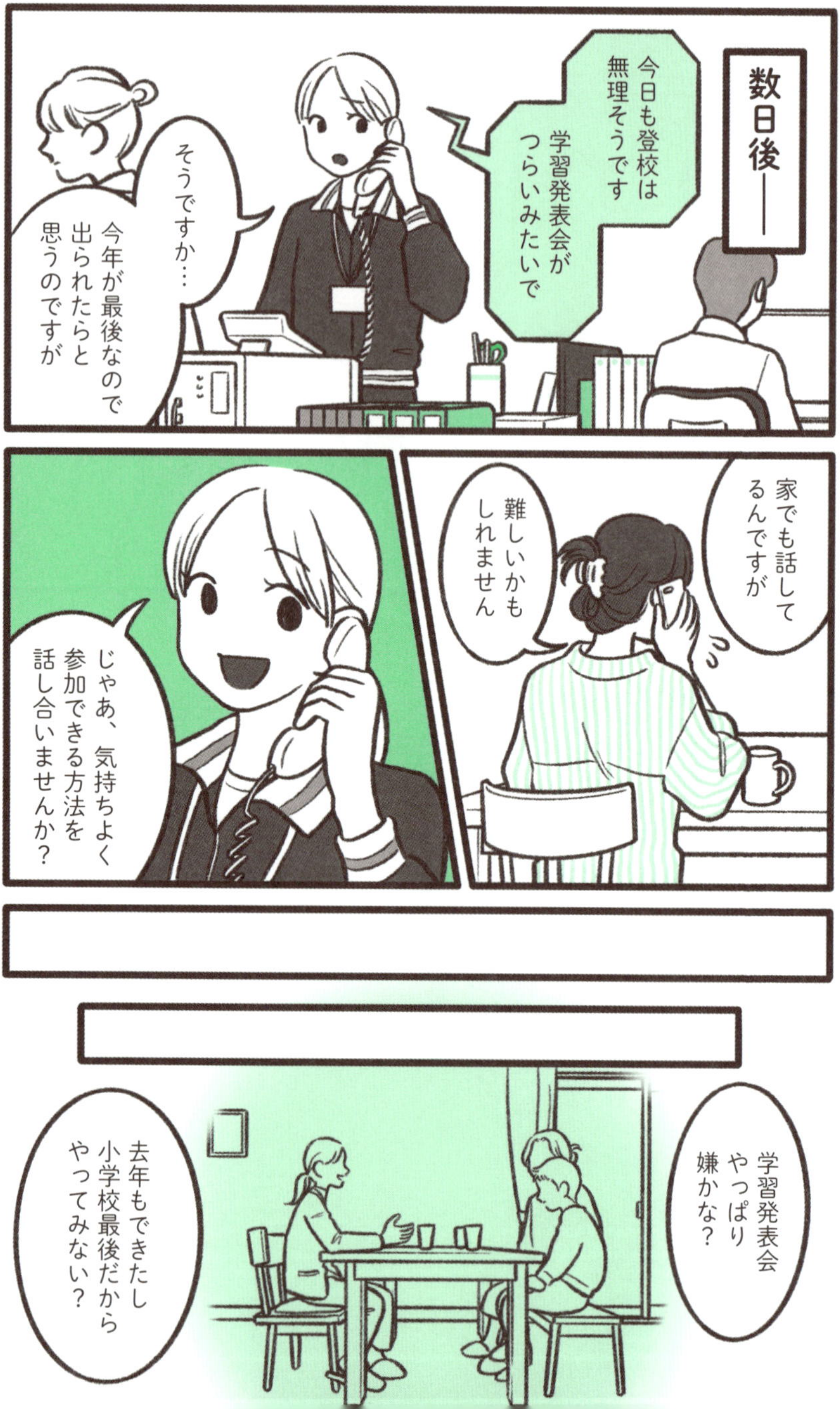

数日後――
今日も登校は無理そうです
学習発表会がつらいみたいで
そうですか…
今年が最後なので出られたらと思うのですが
家でも話してるんですが
難しいかもしれません
じゃあ、気持ちよく参加できる方法を話し合いませんか？
学習発表会やっぱり嫌かな？
去年もできたし小学校最後だからやってみない？

…
あの…
お気持ちはうれしいですが無理してまでやらなくてもよいかと…
確かに成長のステップではなく壁になったら本末転倒ですよね
学習発表会そのものが嫌かな？
フル フル
それとも、舞台に出るのが嫌？
コクリ…
次にやることがわからなくなって不安…
それなら、あらかじめいろいろ決めて見通しを立てるのはどうかな？
それならぼくができることもあるかな？
うん、例えば音響係や照明係はトオルくんにとってやりやすいかもよ！

第8章

さまざまなバリアや無意識の
バイアスに気づこう！

「こうあってほしい」が苦しみにつながる

皆さんはマンガを読んでどのように感じられたでしょうか。「小学校生活最後だから！」「貴重な行事だから！」という理由で、なんとかよい思い出にしたいという願いは、大人の素直な思いです。同時に、本人にとっては重荷になっていることもあるのです。

学習発表会だけではなく、同様の例は運動会や修学旅行、宿泊学習（林間学校）などたくさんあります。そこに本人の思いがあればよいのですが、教師や保護者など大人の「こうあってほしい」が一方的な場合もあります。これは、善意からの「優しさ」がもとになっているため、厄介なことが多いのです。

例えば、保護者と本人は行事の参加を見送りたいのに、先生がよかれと思っていろいろと考えてくれるケース。**「せっかくだからなんとか行事に参加できるようになってほしい」**

という思いが、逆に本人のプレッシャーになってしまうのです。当の先生はその子のためと思っての善意のため、苦しめている状況に気づけないこともあります。一方で、「無理せずに来られるときに学校に来てほしい」という先生に対して、保護者が「せっかくの大事な行事なのに何も工夫してくれない」と受け取ることもあります。両極端なケースですが、どちらも少なくありません。

先生と保護者の「こうなってほしい」が、ズレることで最もつらいのは子どもです。「子どもとの対話を第一に」と言うのは簡単ですが、どうしたらよいのか、何に困っているのか自分の思いをうまく整理できない子も多く、対話しても容易には進みません。

その子にとってのバリアを受け止め、学校と家庭が本人と一緒に目標を決める

大事にしたいのは、何がその子にとってのバリアになっているのかを本人から引き出すことです。私が担任をしていたナツさん（仮名）の事例をお話しします。

ナツさんは、小学校5年生で自閉スペクトラム症の傾向がありました。のちに診断が出ましたが、当初はまだ疑いがあるという状況で教育相談をすすめていました。本人に自覚

はなかったかもしれませんが、いわゆる空気を読むことに苦労していました。その対処法もわからないまま、友だちとの行き違いでトラブルになることが多くありました。また、見通しが持てないと不安になりやすく、適切な配慮がないとパニックになってしまうこともありました。

学習発表会が近づいてきたときのこと。学校行事は、ナツさんの成長のためにあるべきで、嫌な思い出になってはいけません。そこで、ナツさんと個別に相談し、ナツさんの保護者とも学習発表会について話し合いました。主な話題は次の2点でした。

1　本人の思い＝困りそうなこと・心配なこと

2　保護者の願い・教師の願い＝今回の学習発表会では何を目指すのか？

まず1について考えてみましょう。学習発表会は楽しいとナツさんは言います。ですが、セリフや動きを覚えられないし、移動するタイミングも覚えられないため、みんなが怒るから嫌だとも言います。劇は好きだけど、練習は嫌い。やりたくないというのです。

劇の練習ではみんなで相談しながらつくり上げていきます。みんなにとってはその場の雰囲気でなんとなく合意が取れることも、ナツさんにとっては特性のため難しいときがあったのです。よく話を聞いてみると、どうしていいのかわからなくなったり、本人としては一生懸命にやっているのに責められてしまったりという経験があったようです。

また、友だちが「練習しよう」と言っても、ナツさんは他に気になることがあると気持ちを切り替えられず、すぐに練習に移れないので、周りの子も「ちゃんとやってくれない」「ふざけるから嫌」と言い出すことが、それまでの様子からも明らかでした。そこで、本人と「厳しく言わないように先生もみんなに伝えるから、頑張ってみよう」と話し合い、《劇に出て、おうちの人に頑張っているところを見てもらう》と目標を立てました。

次に2について考えてみましょう。お母さんは、学習発表会は思い出になるので頑張ってほしいと願っています。「おじいちゃん、おばあちゃんも劇を見るのを楽しみにしている」という言葉から、祖父母の期待が想像できました。お母さんの願いは、出番が少なくてもいいから他の子と同じように劇に出ることでした。これもお母さんの親心からくる「優しさ」の表れです。

ナツさんは空気を読むことが苦手なため、練習するたびに求められる動きが逐一変わっていくと何をすべきかわからなくなり、それがナツさんの困っている部分だと私は認識していました。そこで、見通しが持てない不安感を取り除き、できるだけ環境を整えることで、自分でやってみようという思いを引き出すことをお母さんにお伝えしました。

その子にとっての本当のバリア

学習発表会の練習を始める前、参加にどんな心配があるのかをナツさんと話し合いました。すると、最初からステージにいる役ならタイミングに合わせて出てこられない心配がないとわかりました。そのような役の担当が決まると、安心もあったのか、セリフもすぐに覚えられたのです。しかし、いざ練習が始まると「行きたくない」と言うようになってしまいました。ナツさんは学校を休みがちになり、私たちの予想とは違って状況はかなり厳しくなっていきました。

家庭訪問をして本人と話しました。**そこでわかったのは「家族が私を劇に出そうとするのが嫌」ということ**。お母さんは、「じいちゃんもばあちゃんも楽しみにしているんだよ?」と励ましの気持ちから言います。するとナツさんは「だから嫌なの!」と怒るのです。さらに話し合うと、撮影された劇の動画を家族で見るのも嫌だとわかりました。家族のその「優しさ」は、ナツさんにとってはつらかったのです。

親心や担任の善意が、子どもにとっては思わぬプレッシャーやバリアに?

第8章　さまざまなバリアや無意識のバイアスに気づこう！

「大人の期待」や「優しさ」が「本人のプレッシャー」となり、結果としてナツさんを苦しめてしまっていたのです。

そのとき私は、バリアは一つではないということ、そして、一つのバリアを解決できたらうまくいくわけでもないという、当たり前のことを改めてナツさんから学んだのです。

こういうとき、大人たちは「大丈夫だよ」と励まして無理に頑張らせようとしてしまいます。当時の私もそうでした。それが「優しさ」だと思っていたのです。

ナツさんは嫌なことを言語化できたため、このときは参加できました。しかし、本人も周りもバリアに気づけないこと、周りが思っている以上に本人には高いハードルであることも多くあります。「行事に参加する＝よいこと」という思い込みをやめるのも必要です。

一方で、本人の思いに耳を傾ける絶好の機会だととらえれば、困りごとに気づけるようになります。バリアは大人たちが想像の及ばないところにも存在するかもしれないと思えると、先入観で決めつけることなく、その子にもっと寄り添えるようになります。関係者が子どもと一緒に解決方法を考えることでなんとかなる子もいます。一概にこうしたらよいというものはありません。対話して「バリアが見つかった！」と思っても、ナツさんのように、見えていないバリアにさらに突き当たることも多くあります。

また、日常と違う学校行事での困りごとは、発達障害の特性によるのか経験不足によるのかの見極めが難しくもあります。実際、練習を重ねるうちに大きく成長して、自信を持てるようになる子もいます。個別に押したり引いたりしながら、本人の頑張れるラインを探っていくことが、いちばんの近道かもしれません。

「言ってくれたらよかったのに」という優しさの残酷さ

保護者の中にも悩みを言えないケースがたくさんあります。「もっと早く言ってくれたらよかったのに」。読者の皆さんも、そんな言葉に覚えはないでしょうか。

多くの場合は、「言ってくれたらもっと配慮できた」とか「言ってくれたらもっと共感できた」といった「優しさ」のつもりによる発言です。本来はあたたかいメッセージのはずですが、例えば「うちの子は発達障害で……」と、言えないつらさを抱えている当事者にとっては簡単なことではありません。**勇気を出して相談したのに、アウティング（英語で「暴露する」という意味。本人の了解を得ることなく、本人が公表していない個人情報を暴露する行為を示す）されて傷つくことだってあります。**

みんなにも知ってもらったほうがいいと思った、という理由で、アウティングをよかれ

第8章　さまざまなバリアや無意識のバイアスに気づこう！

とやってしまう人がいます。その人自身は「優しい」つもりですが、当事者にとってはたまったものではありません。そのうえ、「何か困ったらいつでも助けるから言ってね」と、"無意識の上から目線"になることも多いのです。「ふつうの子よりも大変だろうから助けるよ」という思いも、うれしく聞こえるときもあれば、嫌みのように聞こえてしまうこともあります。

これらは学校の教師も同様です。同僚に伝えてもよいのか、担任だけにとどめておいてほしいのかという認識を当事者と共有することが重要です。保護者に学校からそのような確認がないときは、アウティングがないように明確に意思を伝えることも必要です。双方の思い違いが、その後の協力関係に水を差すことになっては元も子もないからです。

言えない人が悪いわけではない

「発達障害だと言いにくい社会を変えよう！」という主張はそのとおりです。だからといって、言えない人が悪いわけではなく、言えない理由も存在します。

例えば、家庭内の意見の不一致というケース。ミドリくん（仮名・小学校2年生）のお母さんは、3歳児健診で発達障害の可能性を伝えられ、教育相談をすすめられていたにもかかわらず相談できずにいたそうです。幼稚園でも小学校でも、「周りの子とは何か違うかも」とお母さんは思っていたのですが、お父さんは「俺も小さいときはそんなもんだったけど、じきに周りに追いついた」と言い、義理のご両親からは「落ち着きがないのは甘やかし過ぎ、しつけが悪い」と、お母さんの育て方のせいにされてきたのだそうです。

話をうかがった私が、「つらい思いをされてきましたね。でも、よく私に話してくれましたね」と言うと、涙を流しながら、「先生、本当に私のせいじゃないんでしょうか？」とおっしゃいました。いままで何回もミドリくんのために謝ったり、繰り返しミドリくんに教えたりしてきたものの改善せず、お母さんは悩みを抱えて孤独に子育てに奔走してきたのです。「これからは一緒に頑張りましょう。学校はお母さんの味方です！」とお伝えしたときの、お母さんの安堵した顔はいまも鮮明に覚えています。

家庭内での意見の不一致は、発達障害の子を育てるときの大きなバリアとなります。お母さんが言い出したくても言い出せなかった、という気持ちもよくわかります。「言ってくれたらよかったのに」というマジョリティの無意識が、こういう場面でも人を傷つけてしまうことがあるのです。

また、発達障害への理解は世代間の格差が見られます。特に上の世代ほど発達障害や特

第8章　さまざまなバリアや無意識のバイアスに気づこう！

別支援教育について誤解を抱いている傾向です。「甘やかすからだ」という物言いが子育てのプレッシャーとなり、結果として、厳しい指導や無理なしつけへとつながって、本人をさらに苦しめることにもなりかねません。挙げ句、そのストレスで余計に問題行動に拍車をかけてしまうこともあるのです。

理解者を増やしていく

ミドリくんのお父さんとも協力関係を築くために、コミュニケーションの機会を増やすことにしました。まず、お母さんに子育てが偏りがちな状況を変えるために、「今日はこんなことがありました。ぜひお父さんにも教えてあげてください」といいことをたくさん連絡帳に書くようにしました。いい情報なら、「こんなことを頑張っているんだって」とお母さんもお父さんに伝えやすいと考えたからです。

ミドリくんは、多動傾向があり、さらに衝動的に暴力を振るってしまいトラブルを起こすことがよくありました。例えば、クラスのAくんをたたいて泣かせてしまったときのこと。周りの子は「ミドリくんがたたいて泣かせた！」と言います。確かにそれは事実です。

そこで私は「ミドリくんは、何も理由がないのにたたいたりしないはずだよ。きっと理由があるよ」と言い分を聞きました。すると、ミドリくんは「Aくんが別の子をバカにしていたから、止めようとしてたたいてしまった」ことがわかりました。方法自体は間違っていたのでその点は指導しましたが、気持ちにあったのは「優しさ」だったのです。

見えている部分は、「たたいた」ですが、ミドリくんの中にあったのは「友だちを守る」という優しさです。それもお父さんに伝えていくようにしました。その積み重ねで、**「学校はトラブルが起きるたびに連絡が来る〝敵〟ではなく、子育ての〝仲間〟である」**と、お父さんにも認識してもらえるようにやがて変化していきました。

ミドリくんはお父さんの理解のもと教育相談を受けて、特別支援学級での教育が本人にとって望ましいとの判定が出ました。その判定を受け入れるかどうか、数か月間家族で話し合いが行われました。祖父母の反対があったものの、最終的にはお父さんとお母さんの理解を得て、翌年から特別支援学級に籍を置き、通常学級での交流を多く取り入れた教育を受けていくことになったのです。その後、**お母さんの子育てに対する考えは前向きになりました。これは、お父さんが理解者となったことも大きく影響している**と思います。

子どもの困りごとを言えないことが悪いわけではありません。ですが、言えないうちに子どもたちの成長の機会はどんどん失われていきます。第4章にあったように、先生が一

第8章　さまざまなバリアや無意識のバイアスに気づこう！

人で問題を抱え込むケースや、お母さんが子育ての大部分を担って奮闘して孤立するケースもよくあります。また、ひとり親家庭など家庭の事情もさまざまです。「母親だから」「担任だから」と抱え込まず、その子にできるだけ適切な支援や環境が用意できるように理解者を増やしていく。こういう「ふつう」が当たり前になるべきなのです。

マジョリティとマイノリティ

　読者の皆さんは、日常の中でいろいろなバリアを感じる場面があるのではないかと思います。逆に、他の人は感じているのに自分は感じないことも多くあります。例えば、足腰が不自由ではない人にとっては、街中にあるちょっとした段差や坂道は気になりません。

　しかし、足腰が悪い人にとっては、その段差や坂道が日々の暮らしのバリアです。

　その**バリアに気づかず日々を過ごせてしまうのが、マジョリティの特権**です。さらに、バリアを感じずに暮らせることがマジョリティの無意識につながり、ときに人を傷つけてしまう可能性を本書では述べてきました。

　はじめからマイノリティの人とマジョリティの人がいるのではなく、場面によってそれは入れ替わります。ですから、お互いにそうした特権について意識をしながら暮らすことが求められるのです。**自分たちはマイノリティだと思っていても、別の場面ではマジョリティになりうることを忘れない**ようにしたいのです。

当たり前と思っている格言やちょっとした会話にも、ときとして人を傷つける要素があります。「誰でも頑張ればできるようになる」と言われても、無理な人もいます。特に発達障害がある場合には、その子がさぼっているわけでも、気をつけていないわけでもないにもかかわらず、その子の努力不足かのように言われてしまうことがあるのです。

アンコンシャス・バイアス

アンコンシャス・バイアスは、その人の経験や得てきた情報によって自然に形成される無意識の思い込みのことです。これは誰にでも当たり前にあります。

皆さんは「親が単身赴任をしている」と言われて、父親と母親どちらを想像しますか？「単身赴任＝父親」「家庭に残る＝母親」というイメージを持っている人が、いまでも多いとも言われています。近所に外国人が引っ越してきたとして、どんなことを想像するでし

第8章　さまざまなバリアや無意識のバイアスに気づこう！

ようか？　もしかすると、何かトラブルが起きるのではないかと思う人もいるかもしれません。これも、アンコンシャス・バイアスに由来するものです。

　ナツさんの事例では、「学習発表会の動画を撮ってあげることは本人が喜ぶはずだ」という思い込みがありました。ミドリくんの事例では、祖父母に「うちの孫が発達障害だなんて、そんなはずはない」「特別支援学級に行ったら就職もできなくなる」という思い込みがありました。

　アンコンシャス・バイアスは、「周りの人はきっとそう思っているに違いない」というときにも表れます。「私は○○だと思われているに違いない」「娘は△△に見られているはずだ」と思い込んでしまうのです。しかし実際には、**子どもどうしでは当たり前のように受け入れられていることも多くあります。「みんな苦手なことがあって当たり前」「ぼくもそういうときあるからお互いさま」**と、**子どもたちは実に寛容**です。

　その寛容さを失わないように、周りの大人

「得意な子も苦手な子もいるかもしれない」の発想がバイアスを取り除く第一歩

の声がけは気をつけたいところです。

その子らしさだったり、その子の苦手だったり、一人一人違うのは当たり前という認識も確実に増えてきています。私もそういうクラスをつくりたいと思い、指導してきました。

多様性を当たり前に受け止められるクラスをつくるために

発達障害の診断の有無にかかわらず、苦手な何かは誰にでもあります。走るのが苦手な子もいれば、鉄棒が苦手な子、漢字を覚えるのが苦手な子、リコーダーが苦手な子、絵を描くのが苦手な子などさまざまです。同様に、話すのが苦手な子もいれば、聞くのが苦手な子も、じっとしているのが苦手な子も、集中するのが苦手な子もいます。

周りから見て「困った子」は「困っている子」なのです。そして、子どもからすれば、「自分も困っている子」が多いので、共感的にとらえることが多くあります。人の気持ちがよくわかるのです。だからこそ、小さいときからその気持ちを考えられるように立ち止まってみることが大切です。

先ほどのミドリくんが、授業中に立ち歩いてしまったときのこと。

第8章　さまざまなバリアや無意識のバイアスに気づこう！

「ミドリくん、いま立ったらダメだよ」とクラスメイトが教えてくれます。私は指摘してくれた子にお礼を伝えた後にこう続けました。「水泳で泳ぐのが苦手な人を見たら、みんなは応援するでしょ。体育はその子が頑張っている姿がとても見えやすい教科なんだ。いまのミドリくんは先生の目にはとても頑張っているように見えるけど、みんなには見えないかな？」と問いかけると、何人かが「ミドリくんも頑張っているんだね」と見え方が変わってくるのです。

「泳げるのも座っているのも、当たり前の人もいればそうじゃない人もいる」と話すと、「おれも○○するの苦手！」と言える子がたくさん出てきます。重ねて「ところで、みんなは給食のカレーは辛い？」と聞いてみました。「全然平気！」「甘い！」という子もいれば「辛い！」という子もいます。「辛いと思う人が変とか、甘いと思う人が変とか考えないよね」と違う角度から説明すると、みんな自分ごととして納得してくれます。

こうした指導を繰り返す中で、人によってそれぞれ違うんだという点を伝えていきました。すると、失敗はわざとじゃないし、むしろ当たり前だと伝え続けることで、「人間だからしかたないよ。次に直せばいいよね」と言える子に育っていきます。

大人になると失敗を許せなくなり、こうあるべきと思ってしまいがちですが、まずは、大人がしなやかに考えられるようにしたいものです。子は大人のかがみです。

「優しい目」を持つために

ところで読者の皆さんは、「優しい目」と言われたらどんな目を想像しますか？　困っている人に「〜してあげる」という目でしょうか？　「かわいそう」と相手の境遇を見る目でしょうか？　どちらもないよりはいいかもしれません。本書のまとめとして、最後に「優しい目」について一緒に考えてみましょう。

「ふつうはこうでしょ」「〜するべきだ」「〜なはずがない」「どうせ無理」という言動に、アンコンシャス・バイアスが隠れていることがよくあります。これは、マジョリティの無意識の一つでもあります。無意識だからこそ、自分自身で気づけるかどうかが重要です。そのための方法として、相手をよく見ることが挙げられます。

例えば、「急にやる気がなくなって投げ出した」というケース。誰かがその子にとって「嫌な言動をしてしまったのではないか」と立ち止まって考えてみるのです。もしかすると、無意識のうちにやる気を失うようなことを言ってしまったかもしれません。また、もしかすると「どうせ無理」という、その子自身のアンコンシャス・バイアスによる決めつけが、やる気を削《そ》いだのかもしれません。

「やる気を失って投げ出した」と見えている問題の背景には、見えていない問題も必ずあります。これに気づけるかどうかが、その子との関係性や具体的支援に大きく影響します。私はこの見えていない問題に気づける目が、「優しい目」ではないかと思うのです。

「あの子は発達障害」とひとくくりにすると、アンコンシャス・バイアスに陥ります。発達障害だけではなく「男だから、女だから」「親だから、教師だから」「外国人だから」など、人をカテゴリーで見てしまうと、その人らしさやその人の思いなど、本質を見失ってしまいます。一人一人をしっかりと見て、寄り添い、受け止めることが大切です。

また、**「優しい目」を持つことがゴールではありません。「優しい目」を持っているからこそ、「ふつう」を問い直し、「ふつう」をアップデートできるようにもなっていきます。**アンコンシャス・バイアスやマジョリティの無意識、さまざまなバリアにも気づけるようになっていくのです。「優しい目」を持つことが、本書でご紹介してきた「困っている子」を一人でもなくすための行動のスタートでもあるのです。

だからこそ、**さまざまなバリアを感じる人が減っていく社会になるように、それぞれの立場でできることをしながら、「優しい目」を広げていってほしい**と思います。

一人一人に目を向け、一人一人を大切にし、一人一人を尊重する。そして、一人一人がより輝く。そんな「新たなふつう」を、私たちみんなで。

Yasui Masaki

駅のホームの風景からバリアを考える

この写真はスウェーデンに視察に行ったときに撮影したものです。車両には大きな車イスマーク。ここから乗ると車内には広いスペースが確保されています。

日本の鉄道では、車イスを使っている人が乗車するとき、駅員さんがスロープを用意してサポートします。私はその風景を見るたびに、「優しいなぁ」と思っていました。しかし、スウェーデンでは、駅員さんのサポートはありません。なぜなら、列車とホームとの間には段差がなく、そもそもサポートなしで乗車できるようになっているからです。私はそれを見て、「こっちのほうがずっと優しい」と思ったのです。「助けてあげる」のではなく、「困らないようにバリアを取り除く」ということに力を入れているのです。このような考え方や実践が、少しでも広がってほしいという願いを込めて本書を書きました。

本書は、NHK for School「u&i」のエッセンスを大切にしています。詳しくは第3部をぜひお読みください。第1部を担当した野口さんは、いつもいまの学校を客観的に見て、今後のすてきな未来について語ってくださっています。そのすてきな未来に近づくために実際に学校現場の一人の教員として、周りの人の理解や納得を得ながら進めてきたバリアの取り除き方の事例を、第2部でご紹介しました。皆さんが少しでもイメージしやすいようにと、登場する子の傾向をあえて記述しましたが、これらはあくまで一例でしかありません。事例を参考にしていただきながら、未来への種まきを読者の皆さんとしていきたい。そして、多様性を認め合うすてきな未来として、子どもたちの笑顔の花が咲くことを期待しています。

ストックホルム近郊の駅にて。わかりやすい大きな障害者マークが印象的

Column

第3部 座談会

伊野尾慧（Hey! Say! JUMP）×きゃりーぱみゅぱみゅ×安井政樹×野口晃菜

「“ふつう”ってなんだろう？」

身体障害や発達障害のある子や外国人の子などマイノリティの子どもたちと一緒に、多様性への理解を深める番組NHK for School「u&i」。伊野尾慧《いのおけい》さんときゃりーぱみゅぱみゅさんは、シッチャカとメッチャカという妖精の声を務め、子どもたちとの対話劇を通して、困難のある子の心の声に耳を傾け、ときに共感し、ときにアドバイスを投げかけています。

お二人をゲストに迎え、日常にあふれる“ふつう”という言葉のイメージや、「u&i」に関わって生じた意識の変化、学校教育のあり方、社会に対する思いなど、番組の監修者でもある安井さんと野口さんとさまざまに語り尽くしていただきました。

対等の関係性で、ともに生きやすくなる方法を見つけていく

――「u＆i」に携わって、周りの反応やご自身の考えに変化はありますか？

伊野尾慧（以下、伊野尾）　年代的に子育て中の同世代の友人が何人かいて、「『u＆i』を見たよ！　伊野尾がシッチャカの声をやっているって最初は全然気づかなかったよ」と連絡をもらうことがあるんです。そのたびに「いい番組だからどんどん子どもに見せてあげて」と、地道に広げる活動をしています。

きゃりーぱみゅぱみゅ（以下、きゃりー）　番組を教室で見せている学校もあると聞いていますが、すごく意味のあることだと思います。私の子ども時代を振り返ると、教室で暴れたり落ち着きがなかったりする子がいると、みんなあまりかかわらないようにしていました。でも「u＆i」を通して発達障害などによる悩みを抱えている子どもがいると知って、もしも自分が子どもの頃にその悩みを知っていたら、もっと違う接し方ができたかもしれない、寄り添って話を聞けたかもしれない、と思い返すことがたくさんあります。

安井政樹（以下、安井）　私が小学校の教諭をしていたときは、教室で子どもたちに「u＆

i」を見せていました。きゃりーさんがおっしゃるように、番組を見ているうちに子どもたちが目に見えて優しくなっていくんです。「あの子はどうしてそういうことをするのだろう？　何か困っていることがあるんじゃないかな？」と、立ち止まって考えるようになって。学校は未来をつくる場だと私は思っています。そういう意味では、「u＆i」を見て育った子どもたちがつくる未来は明るく変わる気がするんです。

伊野尾　あとすばらしいのは、「u＆i」では実際に身体障害などがある子どもが俳優として出演している点ですね。

野口晃菜（以下、野口）　それについては特にこだわっていて、プロデューサーにお願いして先天性四肢欠損症の子どもや、視覚障害がある子どもに出演していただきました。ふだんの生活の中で身体障害のある人と身近に接する機会は、当事者の家族やその周囲の方でない限り、総じて多くなく、障害当事者が演者として起用されづらいという現実もあります。だからこそテレビを通して知っていただきたかったんです。

伊野尾　彼・彼女たちのお芝居を見て心を動かされましたし、できないことではなくできることに目を向けることで、その子の可能性が広がっていくことがわかって、自分も知らなきゃいけないと思う気づきがたくさんありました。

安井　同じ障害がある子も勇気づけられたでしょうし、「同じような困りごとを抱えている人がいるんだ」「自分の気持ちを正直に周りに伝えていいんだ」と改めて考える機会にもなったのではないでしょうか。

きゃりー　障害や病気があることで、文字がこんなふうにグチャグチャに見えるとか、周りの音がこんなふうにうるさく聞こえるとか、本人がどれだけ困っているかを疑似体験できるところも「u&i」のよさですよね。

伊野尾　〝答え〟を出さないところもすばらしいですよね。「こうしたほうがいい」と押しつけず、自分で考えられるように投げかけるだけにしていて。

野口　答えを出さない点は、番組を監修するうえでとても大事にしています。困りごとや悩みは人それぞれに違います。「学習障害の子はこういうタイプ」「ADHDの子はこういう行動を取る」などと決めつけて接するのではなく、困っている人に「どうしてほしい？」と自分自身で聞いてほしいと思うからです。

きゃりー　当事者や関係する人たちの間で一緒に考えながら、自分たちにとってのベスト

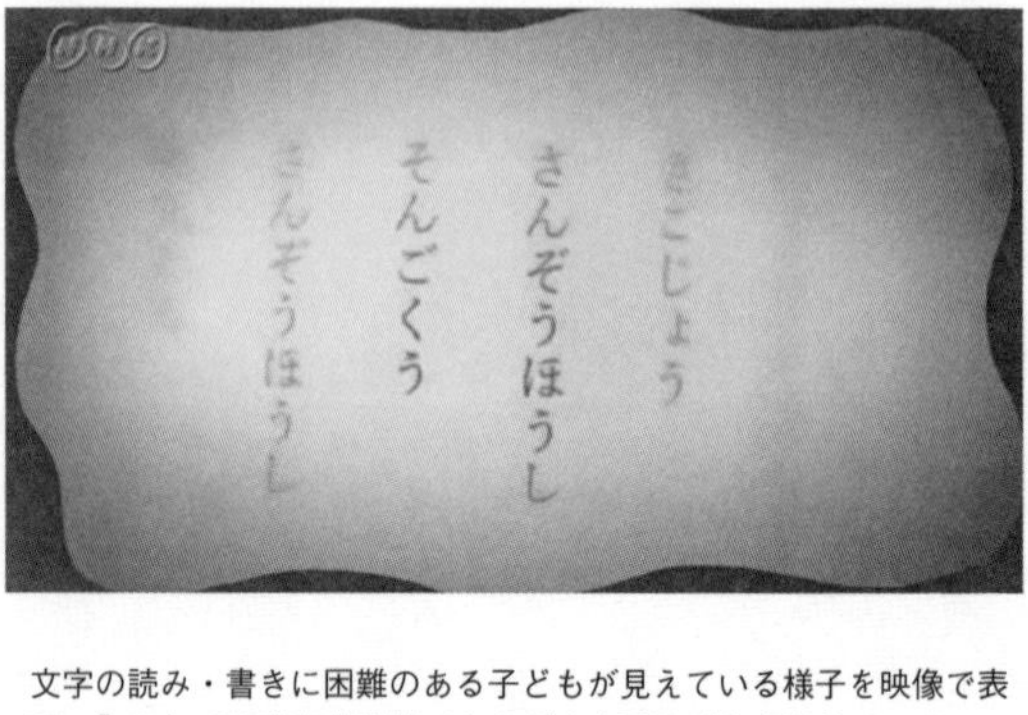

文字の読み・書きに困難のある子どもが見えている様子を映像で表現。「u&i」では当事者目線でさまざまな困りごとを伝えている

な答えを探していくという。

野口　そうです。どちらかが我慢する／我慢させる、助ける／助けられる、といった関係にならないように、あくまでも対等の関係性を目指し、ともに生きやすくなる方法を見つけていくことが重要だと思います。

伊野尾　ただ、コミュニケーションの取り方が難しいですよね。

きゃりー　そうですよね。よかれと思ったコミュニケーションが相手にとってプレッシャーになって、むしろ放っておいてほしかった場合もあるでしょうし。

野口　おっしゃるとおりです。そっとしておいてほしい人もいるし、踏み込んできてほしい人もいる。例えば同じ障害があっても、個々で原因や状況が違います。まずそこに思いをめぐらせることが第一歩なのかなと思います。

安井　伊野尾さんときゃりーさんは、番組を通してご自身の意識や行動が変わったと思うことはありますか？

伊野尾　あまり人を否定しなくなりました。僕らが子どもの頃って、例えばADHDという障害の名前も特性も知りませんでした。そう考えると、いまも言語化されていない何かがあるかもしれない。だからむやみに人を否定しちゃいけないなって。年を取るにつれて自分の価値観は固まっていくかもしれないけれど、異なる考え方もあるんだな、それも面白いよねと思えるようになった気がします。

きゃりー　私はダンサーさんやスタッフさんとチームで活動しているので、「困ったことがあったら何でも言ってください」と意識的に言うようになりました。

安井　子どもも大人も関係ないですよね。困っている人がいたら一緒に考えてともに生きやすい道を探していく姿勢は、社会全体として必要です。

一見周りにとって「困った」と思える行動はその子にとっての「メッセージ」

伊野尾　とはいえ、どの程度まで受け止めればいいんでしょう？　例えば30人のクラスの授業中に大声を出す子どもがいたとしますよね。先生は30人を平等に見なければいけないし、他の生徒たちは勉強に集中したい。そんなときに、「優しく接して一緒に解決しましょう」では済まないこともあるのでは？

安井　そのときに29人が〝敵〟になってしまうのか、あるいは〝味方〟になれるのか、が重要です。大声を出した子どもが29人の邪魔をしているという発想になると、「うるせーな、どっか行け」となってしまうかもしれません。

きゃりー　う〜ん、確かに……。

安井　「うるさいからその場から出ていってもらう」のではなく、「落ち着くまでちょっと廊下に出て気分転換してみる？」という言葉をかけることができれば、教室を出る行為自体は同じでも、本人の気持ちやクラスの雰囲気はまったく変わってくるはずです。

伊野尾　そんなにうまく授業が成り立つものなのでしょうか？

野口　私は専門家として授業の現場に入ることがあるのですが、確かに「騒ぐ子どもがいて授業が成り立たない」と先生から相談を受けることがときどきあります。その場合は授業に立ち合い、どんなときにその子が大きな声を出しているのかを観察します。大きな声を出すのには必ず理由があるからです。

きゃりー　必ず理由がある？

野口　大声に限らず、一見周りにとって「困った」と思える行動はその子にとってのいわば「メッセージ」です。ですから、その視点で大声を出すときのパターンをよくよく観察していくと、授業についていけないストレスや対人関係のストレスなどの理由が見えてきます。例えば算数の授業のときの場合は、その子によくわかるような算数のヒントを出すなど授業内容を工夫したり、大声以外の適切な方法でストレスを伝える方法を一緒に考えたり、あとは、どうして大声を出したくなるのかを本人に丁寧に聞いて一緒に解決策を探っていく。いずれにしても、子どもの言動からメッセージの真意を探るのは根気のいることで、魔法みたいにパッと状況を変えることは難しいですね。

伊野尾　学校の先生に求められていることって、すごく難しいですよね。特に公立学校の先生たちは大変なんじゃないかな。

野口　担任の先生が一人で全部対応するのは絶対に無理です。そこで、例えば最近の学校は私のような専門家を入れたり、管理職の先生が授業のサポートにあたったりと、組織として取り組む体制に変わりつつあります。

伊野尾　僕らの子ども時代とはだいぶ環境が変わってきているんですね。

野口　そうですね。昔はカリスマ教師が一人でどうにかして、それがすごいという風潮がありましたが、先生の働き方改革や教員不足という社会的背景もあって、チームで対話しながら解決していく教育に変わってきているのです。

安井　お二人は「学校や先生にこうしてほしかった」ことってありますか？

きゃりー　私は小学生のときはとてもシャイな性格で、友だちづきあいが得意じゃなかったんです。でも学校の活動はグループ活動が多く、「友だちとグループやペアを作って」と言われるたびに心の負担になっていました。自分の中では仲よしだと思っていた子が他の子とペアを組んでしまって、「どうしよう、誰と組めばいいんだろう？」とアワアワすることもありました。

安井　とはいえ、「そのやり方は嫌です」とは言い出しづらいですものね。

きゃりー　そうなんです。そして「好きな子と組んでいい」と言われて好きな子と組めなかったときにすごくつらくなってしまう。だから、ペア分けやグループ分けがありそうな日は、学校に行きたくありませんでした。

安井　そういうつらさもありますよね。経験を通して、その子の課題を克服できるようにスモールステップの指導をするときもあります。しかし、何より大事にしたいのは、「学校に行きたがらない」「授業中に暴れる」「頻繁におなかが痛くなる」といった表面に表れる行動や症状の裏に、きゃりーさんがおっしゃったような理由があるかもしれない。それなのに、「すぐ腹痛を訴えてサボる」と周囲が決めつけてしまうことも多いですよね。

きゃりー　そうなんですよ。

安井　意外と子ども同士だとそのあたりをうまく察していて、「あの子はこの課題があるから今日は休んでいるんだろうな」などと友だちのことをよく見ている。残念ながらそれを冷やかす子もいますが、でもいい方向で「表に表れない理由」を推し量れるようになると、学校が、ひいては社会が周囲に対して優しさを持った環境になれるはずです。

きゃりー　私の場合、ペア分けの試練は恥ずかしがり屋な自分との闘いで、そこで頑張って耐えてきたからこそいまは人前に立つ仕事ができているという側面もあります。でも小学生の頃は違ったので、一人ずつ教壇に立って作文を読まされる時間もすごく苦手でした。それが嫌で学校を休んだら、次の授業で私だけ作文を読まされて……。全員に平等に読ませるという先生の意図はわかるのですが、それが苦痛になる子もいると思うんです。

伊野尾　そういうときって、何が救いになっていました？

きゃりー　母親からは学校に行きなさいと言われたので、「嫌なことでもやるしかない」という気持ちでしかたなくやっていましたね。

伊野尾　僕も嫌だなと思うことはたくさんありました。でも子どもなので、自分の特性や感情とどう向き合っていいのかわからないことも多かったですね。

野口　自分にどんな特性があるのか、何が得意で何が苦手なのかを知ることはとても大切で、苦手なことに対して代替手段を提案している学校もあります。例えば作文の発表やリコーダーの演奏をメタバース上で行ったり。

きゃりー　ええ～!?　確かにメタバース上なら緊張しないで済みそう！

野口　そういう試みは少しずつ広がっていて、自分の代わりにロボットが教室に入って遠隔で授業を受ける事例もあります。感覚過敏の症状があるために授業に集中できない子がロボットのマイクを通して授業に参加するのです。

安井　昔は全員が同じ環境で授業を受けて、苦手でもなんでもとにかく取り組ませようという教育でしたから、そう考えるとずいぶん進歩していますよね。
きゃりー　ほんとですね。昔は「やりなさい」としか言われませんでしたから。
伊野尾　僕は作文を書くことが苦手で、でも提出しないと怒られるので母親に手伝ってもらっていました。ほぼ母親の作品になっていたかも（苦笑）。
安井　「自分だけ提出しないわけにいかない。お母さんに頼ってでも提出しなくちゃ」という切迫感があったんでしょうね。
伊野尾　ただ、大人になってからは文章を書くのが嫌いじゃないんです。なんであんなに嫌だったのかなと考えると、「恥ずかしくない文章を書かなきゃいけない」という強迫観念があったのかなと。
きゃりー　わかる〜！
伊野尾　「自由に書いていいんだよ」と認めてもらえていたら、もっと楽しく文章を書けたのかなという気がしています。
安井　実際、決まりごとを押し付けられて、書きたいことが書けなくなってしまうケースは多いです。「カギカッコをちゃんと使いなさい」「僕ではなく私と書きなさい」「人の名前を呼び捨てにして書いたらだめ」など、いわゆる「正しい国語」を教えたい先生の思いと、子どもの実情とのミスマッチが起きてしまっているんですね。それがLD（限局性学習症）を持つ子どもになると、漢字がうまく書けない、点を打つ場所がわからないといった悩みがあるため、さらなる負荷がかかってしまう。いまはその子の特性に合わせて、デジタル機器の音声入力などを活用して作文を書くことが認められている事例もあります。

集団にとっての〝ふつう〟は常にアップデートする必要がある

伊野尾　子どもにとっての選択肢が増えているんですね。それも含めて「〝ふつう〟って何？」と思います。それぞれに特性や価値観は違うわけですから。

野口　そう、〝ふつう〟は人によって違います。私は父親の転勤で小学校6年生から高校3年生までアメリカに住んでいたのですが、現地の小学校の先生がピーナツバターのサンドイッチを食べながら授業をしているのを見て、登校初日から驚愕しました。〝ふつう〟は国によっても違う。「〝ふつう〟は人それぞれ」という価値観が当たり前になれば、世の中はもっと変わっていくはずです。

伊野尾　ただその一方で、ある程度のルールや規律がないと物事は進まないですよね。そうでないと、何でもありになっちゃうじゃないですか。そこの線引きが特に小学生ぐらいだと難しいんでしょうね。

野口　ルールにみんなが合意していればいいと思うんです。先生が一方的にルールを作って、生徒に押し付ける構図だと問題が生じやすいのかなと。集団にとっての〝ふつう〟は常にアップデートする必要があって、校則に関しては合意形成をする動きが少しずつ出始めています。「なぜ靴下は白と決められているの？」「なぜ髪の色を変えることが禁止されているの？」「そもそも校則って必要？」と、先生と生徒の間で話し合いの場を持ち、合意形成のもとで見直していくのです。

伊野尾　きゃりーさんのような髪の色（※座談会のときはピンク色）の中学生はあまり見かけないから、確実に怒られそう（笑）。

きゃりー　うん、怒られそう（笑）。ちなみに私は、制服は校則のとおりに着たほうがカッコいいと思っていたので、着崩したり丈を変えたりしませんでした。制服のルールよりも私にとって窮屈だったのは「時間割り」です。

伊野尾　時間割り？

きゃりー　「なぜ学校での活動はいちいち時間で区切られているんだろう？」って。それを友だちに話したら、「そんな考えって変だよ、ふつうじゃない」と言われてショックを受けました。でもいまの私の仕事って、前日はライブがあって、今日は「u&i」を収録して、明日はまた別の何かがあってと、毎日やることも時間の使い方も違う。常に刺激がなくちゃいられない性格だからで、それが自分にとっての〝ふつう〟なんです。ふだん着ている服も「人と違うよ。おかしいよ」と言われてきたので、いわゆる〝世の中のふつう〟と闘ってきた人生でした（笑）。

安井　実際、そういう同調圧力に負けて〝世の中のふつう〟に埋もれていく子どもや、「自分はやっぱりおかしいの?」と傷ついて自信を失ってしまう子どもも少なくありません。きゃりーさんはそうならなかったのですか?

きゃりー　ある部分では〝鋼のメンタル〟を持っているのかも（笑）。というのも、学生の頃に飲食店でアルバイトをしていた際、そこが中華料理系のお店だったので、その雰囲気に合わせて髪形をツインのお団子ヘアにして働いていたんです。でもそのお店のルールでは、首元で一つにまとめる髪形が決められていて、店長から「なんでルールどおりの髪形にしないんだ!」といつも怒られていました。ルールは守らなきゃという気持ちはあるけれど、そのルールが合理性を持っていると納得できず、「これは譲れない」と思えたので、信念を曲げずにお団子ヘアを貫きました。

安井・野口　すごい!

当事者や身近にいる人ではない人々にこそ知ってほしいし、一緒に考えてほしい

安井　「個性を尊重しよう」という教育と「みんなに合わせよう」「ルールを守ろう」という教育のバランスをどうとるか。そこは教育者も保護者も悩んでいると思うんです。伊野尾さんときゃりーさんのご両親や周りの方はどうでしたか？

きゃりー　私は原宿ファッションに目覚めた高校1年生のときに母親とぶつかりました。学校では髪形も制服もルールを守っていたのですが、土日は金髪のウイッグをかぶってカラフルな服を着て出かけるようになって。そうすると「最近の娘さん、大丈夫？」と近所の人に心配されたりするので、母親は穏やかでいられないんですね。最初の頃は「なんでそんな格好をするの？」「なんでわかってくれないの？」とかなりやり合いました。結局は、自宅から駅まではおとなしい服装をして、駅で着替えて原宿に行くというルールを決めることで母親が認めてくれて、自分も好きなファッションを楽しめるようになりました。

野口　私も高校生のときに髪を真っ赤に染めたことがあって、「私が髪の毛を赤く染めた理由」と題した作文を両親に渡しました。プレゼンして説得したんです。

伊野尾　へぇ〜！　うちの両親は基本的に僕がやりたいことを認めてくれました。もちろん、学校や社会のルールを守って、常識的なふるまいをしなさいということは言われましたけど。あと、僕は小学生の頃からお仕事をしていたので、家庭、学校、仕事場、それぞれ違う価値観に触れていたんですね。だから、親に言われることも、学校で言われることも、そして仕事場で言われることもどれもすべてではないと、肌で感じながら育ちました。それがすごくよかった気がしています。

野口　非常に大事なポイントだと思います。家庭や学校以外の居場所があると、いろいろな大人がいるんだとわかりますからね。

安井　自分をわかってくれる人が家庭や学校以外にいるというのは心強いこと。最近はSNSを通じて、価値観を共有できる人とつながることもできますし。

伊野尾　一方で、家庭や学校で「それはダメ」と言われることって大事なことも多いじゃないですか。それを認めてもらえないならSNSでわかってくれる人を探すからいいやとなってしまうと、また別の問題が起こりそう。

安井　おっしゃるとおりSNSの世界に逃げ込んでしまう恐れもあります。だからこそ、リアルな場で異なる価値観を受け入れ合うことが大切ですね。その意味でも、お二人が「u&i」に携わっていることがとても大きいんです。教育番組ですから、ともすると

「マイノリティの当事者やその家族、教育関係者、福祉関係者に向けた番組だよね」と狭まった見方をされそうなところを、お二人が出演することでファンの方を中心に「面白そう、見てみよう」と関心を引いて、広げることにつながります。番組を見てもらえたら、「自分も無関係ではないんだ」という意識を持ってもらえるきっかけになるかもしれない。本来、当事者やその身近にいる人ではない人々にこそ知ってほしいし、一緒に考えてほしい話題やメッセージが「u&i」にも本書にも込められているんです。

きゃりー　そうだったらうれしいです！

伊野尾　人は何かしら悩みや困りごとを抱えていると思うんです。そのうえで、目の前の現状を変えられるかどうかは、やっぱり自分自身にかかっている。僕は30歳を過ぎましたが、年齢を言い訳にしてチャレンジすることをやめていないだろうかとふと思うことがあります。何歳になっても自分のやりたいことを諦めちゃいけないなって。だからこれからも人生を楽しんでいきたいし、そのモチベーションに障害のあるなしは関係ないんじゃないかなって思っています。

きゃりー　私も年齢とともに〝安パイ〟に走っていないだろうかと考えることが多くなりました（笑）。でもやっぱりワクワクしたいし、挑戦し続けていきたい。だからネガティブな思いを抱えたら真剣に向き合って解決して、仕事でもプライベートでもワクワクでき

それぞれの持っている“ふつう”を否定せず受け止められる人になりたいな！

いのお・けい／1990年6月22日生まれ、埼玉県出身。2007年、「Hey! Say! JUMP」のメンバーとしてデビュー。主な出演作に、『ピーチガール』『家政夫のミタゾノ』など。

自分が思う“ふつう”に自信を持って生きていこう！

きゃりーぱみゅぱみゅ／1993年1月29日生まれ。2011年に中田ヤスタカプロデュースでメジャーデビュー。2024年4月12日に「OEDOEDO」をリリース。

る方向に進んでいきたいと思っています。

野口　お二人のお話にとても共感します。「ふつうにしなきゃいけない」「年齢相応の行動をしなきゃいけない」「やりたいことがあるのに学校や会社の言うとおりにしなきゃいけない」など、人それぞれに我慢や自制をしていることがあると思います。私自身、「母親としてこうしなきゃ」と思うときもありますが、**自分が楽しんでやりたいことをやっているほうが子どもの幸せにつながる**と思っています。お二人のすてきなメッセージが、多くの方に届くといいなと思います。

安井　同感です。異なる価値観を認め合い、誰もが我慢することなく自分の人生を楽しめて、いきいきと輝ける社会になることを願っています。「u&i」も本書も、優しい未来への種まきになっているはずです。

〔参考文献等一覧〕

第1章

P.18(※1)Tamura,M., Cage, E.,Perry,E.,Hongo,M.,Takahashi, T., Seto, M., Shimizu, E., Oshima,F. Understanding camouflaging, stigma, and mental health for autistic people in Japan.(2024)Research Square, 28 Feb 2023.

第2章

P.35(※1)Orban, S.A., Rapport, M.D., Friedman, L.M. et al. Inattentive Behavior in Boys with ADHD during Classroom Instruction: the Mediating Role of Working Memory Processes. J Abnorm Child Psychol. 46, 713–727 (2018). https://doi.org/10.1007/s10802-017-0338-x

P.38(※2)東洋経済education×ICT(2021)『60年通知表がない公立小の凄い「探究型総合学習」』

P.39(※3)文部科学省(2022) 通常の学級に在籍する特別な教育的支援を必要とする児童生徒に関する調査結果

P.45(※4)小田智博・國分一哉・藤本和久著『通知表をやめた。茅ヶ崎市立香川小学校の1000日』(日本標準)

第4章

P.84(※1)文部科学省「学校における働き方改革について」https://www.mext.go.jp/a_menu/shotou/hatarakikata/index.htm

P.84(※2)School Voice Project https://school-voice-pj.org/

P.89(※3)厚生労働省「悩み相談室」https://harasu-soudan.mhlw.go.jp/

P.91(※4)内閣府「つなぐ窓口」https://www8.cao.go.jp/shougai/suishin/sabekai_tsunagu.html

第5章

P.106(※1)前原由喜夫・梅田 聡(2013)「利他的動機づけはADHD傾向が高い人の作動記憶を改善する」日本教育心理学会第55回総会発表論文集

安井政樹（やすい・まさき）

専門職修士（教職）/札幌国際大学准教授/小学校教諭を経て、2022年4月より現職。文部科学省学校ＤＸ戦略アドバイザー、NHK for School番組委員、道徳教科書編集委員、Microsoft Innovative Educator Expert（MIEE）他、全国の学校支援をしている。単著に『特別の教科　道徳　指導と評価支援システム』（東洋館出版社）、共著に『道徳授業の個別最適な学びと協働的な学び　ICTを活用したこれからの授業づくり』（明治図書出版）など。

野口晃菜（のぐち・あきな）

博士（障害科学）/一般社団法人UNIVA理事/戸田市インクルーシブ教育戦略官。小学校講師、民間企業の研究所所長を経て、現在一般社団法人UNIVA理事として、学校や企業と協働しインクルージョンを推進する。文部科学省新しい時代の特別支援教育の在り方に関する有識者会議委員、一般社団法人日本ポジティブ行動支援ネットワーク理事など。共編著に『差別のない社会をつくるインクルーシブ教育』（学事出版）など。

装幀・本文組版	宇都宮三鈴	DTP	NOAH
装画・本文マンガ	葵江ひなた	座談会取材・構成	髙橋和子
校正	円水社	協力	NHKエデュケーショナル

NHK for School「u&i」
発達障害の子どもが「困らない」学校生活へ
多様な特性のまま、日常の「ふつう」を見直そう

2025年2月25日　第1刷発行

著者	安井政樹　野口晃菜
	©2025 Yasui Masaki, Noguchi Akina
発行者	江口貴之
発行所	NHK出版
	〒150-0042　東京都渋谷区宇田川町10-3
	電話　0570-009-321（問い合わせ）　0570-000-321（注文）
	ホームページ　https://www.nhk-book.co.jp
印刷	啓文堂／近代美術
製本	二葉製本

定価はカバーに表示してあります。

本書の無断複写（コピー、スキャン、デジタル化など）は、著作権法上の例外を除き、著作権侵害となります。

乱丁・落丁本はお取り替えいたします。

Printed in Japan　ISBN978-4-14-081984-5　C2037